완벽주의자의
조용한 우울

Le Syndrome d'imposture
by Elisabeth Cadoche, Anne de Montarlot
© Les Arènes, Paris, 2020.
All rights reserved.

Korean language edition © 2025 by Book21 Publishing Group
Korean translation rights arranged with Les Éditions des ARÈNES through EntersKorea Co., Ltd., Seoul, Korea.

이 책의 한국어판 저작권은 (주)엔터스코리아를 통한
저작권사와의 독점 계약으로 (주)북이십일이 소유합니다.

저작권법에 의하여 한국 내에서 보호를 받는 저작물이므로 무단전재와 무단복제를 금합니다.

Le syndrome d'imposture

완벽주의자의
조용한 우울

스스로 만든 비현실적
목표 앞에서   날마다 무너지는
당신에게

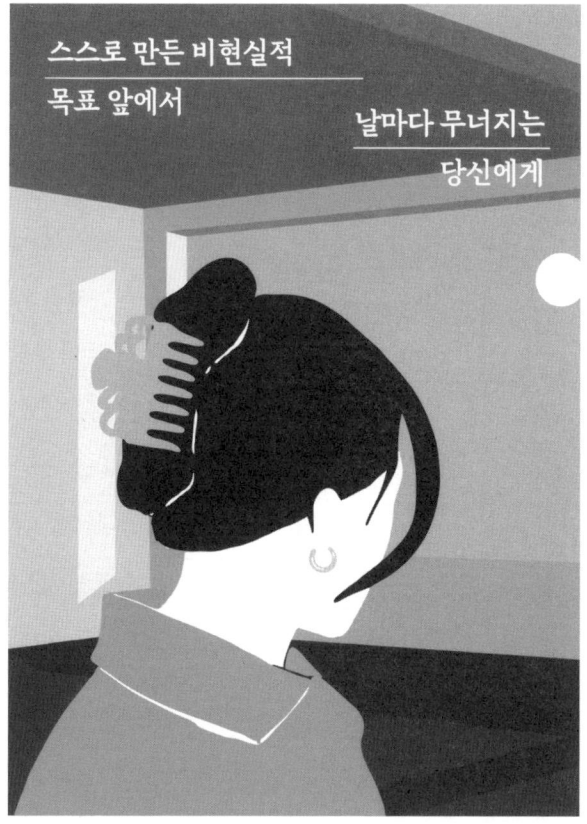

엘리자베트 카도슈, 안 드 몽타를로 지음 | 이연주 옮김

21세기북스

프롤로그

우리는 사람들이 꽉 차 있는 회의실로 슬그머니 들어갔다. 연사는 고위 공무원이었다. 그녀는 자신이 무슨 공부를 했고 어떤 일을 했는지 이야기하고 있었다. 파리정치대학과 국립행정학교, 책임, 높은 직책, 국제 경력, 능력과 성공에 관한 내용이었다. 그녀의 모습은 아름다운 외모에 뛰어난 지성까지 갖춘 성공의 대명사처럼 보였다. 청중의 대부분인 여성들은 놀라움을 금치 못했다. 저토록 여유가 넘치다니, 연사의 입에서 나오는 단어 하나하나가 저토록 지적이라니.

● 우리 자신을 위한 일

성공에 관한 이야기가 계속되다가 갑자기 불협화음 같은 문장이 들렸다. "그 순간 나 자신이 적합하지 않다는 느낌이 들었고 사기꾼 같다는 생각까지 들었어요." 이게 무슨 소리람! 이 책의 공저자인 안 드 몽타를로(이하 '안')와 나는 너무 놀라 서로를 바라보았다. 저렇게 훌륭한 교육을 받고 당당하고 언변이 뛰어난 여성조차도 자신을 의심하고 자신감이 부족하며 본인이 사기꾼 같다고 말한다면, 불완전한 삶을 살면서 제대로 된 야망조차 갖기 어려운 불쌍하고 평범한 우리는 어찌해야 할까?

하지만 누구도 그 말에 크게 신경 쓰지 않은 채 저녁 시간은 계속 흘러갔고, 참가자들은 행사 자체에 만족해서 이내 그 일을 잊어버렸다. 회의가 끝나자 참가자들은 열광했고 희망에 차서 고무적인 마음으로 박수를 보냈다. 그리고 우리는 마침내 이해했다. 저렇게 뛰어난 여성도 자신감이 부족하다고 느끼는구나. 그런데도 그녀는 정상에 올랐으니 우리도 할 수 있겠다. 우리는 모두 불확실성에 시달리며 바로 그 점이 우리의 비밀스러운 연결 고리이자 서로 닮은 점이다.

이로써 우리는 인간적인 연대로 이어진 자매가 된다. 연사는 우리에게 영감을 주는 존재를 넘어 롤모델이었다. 우리는 모두 더 완벽해야 한다는 강박에서 비롯된 자신감 부족이라는 같은 고민을 하고 있는데 그녀는 그 문제를 극복한 사람이었다.

그 순간 아이디어가 떠올랐다. 우리는 이 문제의 근원을 파악하고 싶었다. 여성들은 왜 자신감이 부족할까? 직장에서만이 아니라 개인적인 삶에서조차도. 우리는 고민하고 조사하고 자료를 찾아 읽기 시작했다. 무엇보다 우리 자신을 위한 일이었다.

● 문제를 알아가는 여정

 능력이 같아도 행동은 다를 수 있다는 사실을 알아차리는 데는 긴 시간이 필요치 않았다. 일반적으로 남성들은 높은 직책에 오르기 위해 스스로 전문가로 자리매김한 다음 학습한다. 망설임 없이 오히려 자기 역량과 성과를 과대평가하는 경향이 있다. 반면 여성들은 대부분 도전을 하거나 이력서를 제출하거나 해당 직무에 관심을 표명하기 전에 많은 생각을 한다. 그런 다음 완전하게 '준비'되었다고 느껴야만 자신에게 그 직책을 요구할 자격이 있다고 인정한다.

 여성들은 의심이 시작되면 자격이 차고 넘치더라도 자신을 깎아내리기 시작한다. 자신이 갈망하거나 맡고 있는 직책에 걸맞지 않다는 생각, 운에 달렸다는 생각, 능력이 부족하다는 것이 발각되어 부적합하다는 평가를 받을지도 모른다는 끊임없는 두려움 때문에 자신을 한계 지어버리는 생각이 계속 이어진다.

 물론 야망에 불타고 자기 확신이 큰 여성도 있고 자신감이 부족한 남성도 있다고 반박할 수 있다. 남성들도 자신감 부족으로 부정적인 영향을 받기는 한다. 하지만 현실적으로 수치만 놓고 보더라도 남성과 여성은 극명한 차이를 보인다.

 2018년 코넬대학교에서 발표한 연구에 따르면 "남성은 자기 역량과 성과를 과대평가하지만, 여성은 과소평가한다"고 한다. 2013년 영국 차터드경영연구소에서 수행한 또 다른 연구에서는

"여성들의 자신감 부족과 높은 직책에 적게 진출하는 현상 사이의 연관성"을 밝혔다. 2013년 몬스터의 연구에 따르면 "여성은 남성보다 급여에 대한 기대치가 낮다. 이런 현상은 여성에게 큰 불이익이 되고 있다"고 한다. 다른 연구 결과들도 위 사실을 뒷받침한다.

● 미셸 오바마도 시달렸던 바로 그것

"저는 아직도 가면 증후군에 시달려요. 지금 여러분 앞에서 말하고 있는 이 순간에도 여러분이 제 말을 진지하게 받아들이지 않아야 할 텐데라는 생각을 떨쳐버릴 수가 없어요. 제가 뭘 알겠어요? 우리는 모두 자기 역량과 힘에 대해, 그 힘이 무엇인지에 대해 의구심을 느끼죠. 그래서 제가 여러분과 이 이야기를 나누고 있는 거예요." 이 말은 《비커밍》의 저자가 출간 기념 투어 중 사람들로 가득 찬 북런던의 한 학교 앞에서 한 말이다. 이 책의 저자는 놀랍게도… 미셸 오바마였다!

비슷한 사례로 프랑스 철학자 시몬 베유 역시 보건부 장관으로 임명되었을 때 자기 임기가 길지 않으리라 생각했다. "저는 오래 버티지 못할 거라고 확신했습니다. 크게 실수를 저지르고 곧 사법관으로 돌아가겠구나라고 생각했어요."

이와 같은 말을 들으면 이런 현상은 특정인에게 한정된 것이 아니라는 생각이 든다. 그래서 우리는 몇 가지 목적을 가지고 좀 더 자세히 살펴보기로 했다.

첫째, 자신감 부족이 어디에서 비롯되며 어떻게 나타나고 경험하고 극복하는지를 이해한다. 둘째, 자신감 부족이 (삶의 모든 영역에서) 획일적으로 나타나는지, 그리고 지속적인지 변동적인지 알아본다. 셋째, 자신감 부족이 원동력이 되는 사례를 살펴본다. 넷째, 해결책을 찾고 상황을 역전시킨다.

따라서 이 책은 정보와 과학 연구, 사례 기록, 인터뷰를 망라해 완벽주의처럼 극단적 형태로 드러나는 가면 증후군에서부터 단순한 자기 의심까지 자신감 부족의 모든 측면을 다룬다. 우리 중 한 명은 작가이자 저널리스트고 다른 한 명은 심리치료사이기 때문에 이 주제에 대해 아주 폭넓은 시각을 가지고 있다. 우리의 책이 독자들에게 깨달음을 주고 상황을 변화시키는 데 도움이 되기를 바란다.

차례

프롤로그 4

Chapter 1 　자신감과 가면 증후군

자신감이란 대체 무엇일까 12
왜 내가 사기꾼처럼 느껴질까 19
나는 나를 어떻게 인식하는가 30
높은 자존감은 왜 필요할까 35

Chapter 2 　강박적이고 소심한 존재들

여성은 왜 주눅 들어 있는가 44
존중받을 때 자존감의 뿌리는 깊어진다 48

Chapter 3 　가면 증후군의 유형

완벽주의자 유형 57
백과사전 유형 69
나홀로 유형 70
모범생 유형 72
멀티플레이어 유형 74
자기희생자 유형 77
가짜 자신감 유형 80

Chapter 4 흔들리는 삶 속에서

인생은 완벽할 수 없다	83
완벽하지 않은 엄마라는 착각	95

Chapter 5 타인의 시선과 자기 존중

오직 나만이 나를 정의할 수 있다	101
외모는 능력이 아니다	104
타인의 시선이 구원일 때도 있다	111
더 너그러워져야 한다	114

Chapter 6 편견과 상처를 동력으로 삼기

고정관념에 맞서자	117
몸이 건강하면 마음도 건강하다	118
상처가 이로울 때도 있다	120
모든 것이 끝나도 용기는 남아 있다	122
상처에서 치유로의 여정	128

Chapter 7 사이 나쁜 여자들

여성들은 억지로 경쟁한다	143
자신감을 앗아가는 경쟁의 이중 잣대	148
내면화된 편견이 가면을 씌운다	164
연대가 균형을 만든다	167
모순된 기대 너머로	170

Chapter 8 불안하고 불완전한 사랑의 굴레

왜 연애마저 이 지경일까	172
디지털 시대의 불안한 연인들	181
부정적인 생각이 관계를 훼손한다	186

Chapter 9 나와는 다른 아이로 키우는 일

아이들의 가능성은 무한하다	192
나는 좋은 부모일까	202
편향된 태도가 감정적인 아이를 만든다	216
부모의 언어와 철학이 아이의 자신감을 키운다	217

Chapter 10 있는 그대로 다시 살아가는 법

롤모델은 어디에나 존재한다	223
감옥은 종종 보호라는 가면을 쓴다	226
변화는 일어나고 있다	232
대담함, 진정성, 자유	236

1

자신감과 가면 증후군

도전한다는 것은 잠시 발을 헛딛는 것이지만
도전하지 않는 것은 자기 자신을 잃는 일이다.

-쇠렌 키르케고르

자신감이란 대체 무엇일까

프랑스 백과사전인 라루스사전에 실린 정의를 살펴보면 자신감이란 "자신이 지닌 가치를 느끼고 인식하고 그로부터 어떤 확신을 끌어내는 것"이다. 심리학에서도 이와 비슷한 정의를 내리고 있다. 자신감이 있는 사람인지 아닌지는 두 가지 기준으로 매우 간단하게 특징지을 수 있다. 하나는 '자신이 설정한 목표를 달성할 수 있다고 느끼는가'이고, 다른 하나는 '자기 역량과 재능, 효율성을 진심으로 믿는가'이다.

   이런 믿음은 우리를 앞으로 나아갈 수 있게 해준다. 우리가 결정을 내릴 때 망설이지 않게 하고, 하고 싶은 일이 있다면 거리낌 없이 도전할 수 있게 한다. 또한 성취감을 부여하고 자기 자신을 뛰어넘을 수 있다는 믿음을 내포하기 때문에 우리의 행동은 자신감을 원동력으로 실체화된다. 자신감은 세 가지 능력을 전제로 한다.

첫째, 필요한 검증을 얻기 위해 타인의 시선을 갈구하지 않는다. 오히려 자기가 가진 힘과 유연성으로 당당하고 솔직하게 앞으로 나아간다. 둘째, 자기 강점과 약점이 무엇인지를 잘 알고 있으며 도전과 욕망에 솔직하다. 셋째, 완벽하지 않아도 인내하고 실패가 삶과 배움의 과정 중 일부임을 받아들일 수 있다. 이런 이유로 자기 수용이라는 개념은 매우 중요하다. 여기에는 우리의 학창 시절, 가족 내 위치, 그 가족이 실패와 성공을 대하는 방식 등이 모두 영향을 미친다.

자신감은 스스로 긍정적인 감정을 느끼고 적절한 정도의 대담함으로 무장한 채 앞으로 나아가게 하고 위험과 상처를 감수하게 만들고 그를 통해 가장 중요한 것, 살아 있다는 감정을 느끼게 한다. 즉, 가능성을 믿고 노력하게 해준다. 자신감이 중요한 이유는 좀 더 평온한 방식으로 삶과 타인, 세상에 접근할 수 있게 해주기 때문이다. 자신감이 있다면 우리의 계획과 도전, 선택뿐만 아니라 예측 불가능한 여러 상황에 차분하고 유동적인 힘으로 대처할 수 있다. 어떤 일이 벌어지더라도 다시 일어나 적응할 준비를 할 수 있고, 어려움에 직면했을 때 책임감을 가지고 침착하게 대처하기가 쉽다.

'자신감을 가지세요!'라는 말은 누구든 받아들이고 싶어 하는 마법 같은 주문이다. 하지만 자신감이란 고정된 것이 아니라 평생 변화한다. 이 부분에 대해서는 뒤에서 다룰 예정이다. 철학자 샤를 페펭Charles Pépin은 《자신감-단 한 걸음의 차이》라는 책에서 다음과 같이 지적한다. "자신감이 없다고? 괜찮다. 그저 우리가 될 수 있는 것에 대해 자신감을 가지자."

● 자기효능감, 자신감의 열쇠

잠재력과 역량의 관점에서 앞선 정의를 보완하고 완성하는 또 다른 개념들이 있다. 사회학습 이론의 주창자인 캐나다의 심리학자 앨버트 반두라Albert Bandura는 '자기효능감'이라는 개념을 제시했다. 반두라에 따르면 자기효능감이란 "주어진 유형의 성과를 달성하는 데 필요한 행동을 조직하고 수행할 수 있다고 믿는 유능감"이다.

자기효능감은 자신감의 핵심 요소다. 자기 능력을 믿는 사람들은 어려운 과제가 주어지면 피해야 할 위협보다는 도전의 대상으로 본다. 그리고 두려워하지 않고 목표를 설정하고 과제에 착수해 큰 노력을 기울이며, 해야 할 일에 집중하고 장애물에 부딪히면 자신이 세운 전략을 수정한다. 자기효능감에 대한 한 연구는 다음과 같이 말한다.

자기효능감이 있는 사람들은 잠재적인 위협이나 스트레스 유발 인자에도 자신이 어느 정도 통제할 수 있다는 자신감을 가지고 접근한다. 이런 효과적인 인식은 더 높은 성과를 낳고 스트레스를 줄이고 우울증에 대한 취약성을 감소시킨다. 반대로 스스로 의심할 경우, 개인의 능력은 쉽게 제한되거나 심지어 허사가 될 수 있다. 재능이 있는 사람마저도 자신에 대한 믿음이 흔들리는 상황에서는 자기 능력을 충분히 발휘하지 못한다. 그런 사람들은 스스로 본인의 역량이 의심스러운 분야에서 어려운 과제를 피하려고 한다. 그리고 동기를 부여하는 데 어려움을 겪으며 장애물에 부딪히면 노력을 줄이거나 쉽게 포기해 버린다. 목표치를 낮추고 어떤 목표를 추구하겠다고 결정하고도 열중하지 않는다. 어려운 상황이 닥치면 자신이 부족한 점이 무엇인지, 그 일이 얼마나 어려운지, 실패로 인해 어떤 문제가 생길 수 있는지 늘어놓는다.

● 자아 성찰의 놀라운 효과

자신감의 근원을 이해하는 데는 자기효능감이 꼭 필요하지만, 철학적 통찰도 도움이 된다. 불확실성과 존재의 상대성은 삶의 필연적인 부분이고 우리가 인간으로서 존재하는 한 항상 함께하는 조건들이다. 겪어보지 않은 것, 미지의 것을 외면하지 않고 받아들여 이용하고 열린 마음으로 바라본다면 자신감을 높이는 데 도움이 될 수 있다. 완벽하지 않더라도 실수를 더 잘 이해하고 두려움 없이 자신의 길을 갈 수 있다.

철학자, 심리학자, 정신분석가들은 자기 자신을 안다면 겉모습에 매몰되어 자신을 잃어버리는 일을 피할 수 있으니 자아 성찰을 하라고 말한다. 나에게 무엇이 맞는지를 깊이 있게 파악할 때 비로소 우리는 자신감을 가지고 필요한 선택을 할 수 있다. 이것이 데카르트가 말한 '코기토$_{cogito}$'의 심오한 본질이다.

자기 내면의 모습과 정신 상태를 관찰하고 감정과 느낌을 파악하고 생각을 분석하는 것은 모두 자신을 알기 위한 도구다. 자아 성찰은 자신의 강점과 약점을 파악하고 감정을 관리하고 새로운 상황에 적응하고 자신을 돌아보는 데 도움이 된다. 자신에 대해 더 많이 알수록 더 나은 사람이 될 수 있다. 숨 가쁘게 변화하는 삶에서 자아 성찰이란 자신에게 집중하며 정신을 산만하게 만드는 것에서 벗어나 중심을 되찾는다는 뜻이다.

● 자신감의 다양한 양상

자신감은 영역에 따라 다르게 나타날 수 있다. 투자자를 설득해서 자금을 조달할 때는 당당하지만 모르는 사람이 많은 파티에서는 주눅이 드는 사람이라면 어느 정도 자신감이 생기면 조롱이나 창피, 거절을 겪더라도 괜찮다는 것을 알기 때문에 미지의 세계에 대한 두려움을 조금 떨쳐낼 수 있다. 반면 부모의 양육 방식과는 별개로 삶에서 불운한 경험을 하고 나면 이전까지 당당하던 사람도 자신감이 떨어지고 민감성이 높아질 수 있는데, 이런 상실감은 자신감의 근간을 뒤흔들어 버릴 수도 있다. 예측하지 못한 이별과 죽음, 사고나 갑작스러운 질병은 모두 삶에서 특정 신념과 시각을 다시 생각하게 하는 트라우마다. 철학에서 말하듯이 불확실성은 삶의 일부이지만 이제껏 익숙해 있던 삶의 특정 질서를 뒤흔들 수 있다. 엘사*의 예를 살펴보자. 50세에 가까운 그녀는 결혼한 지 25년 되었고 대학생인 자녀가 둘이 있으며 지방 대학에서 법학을 가르치고 있다. 겉으로 보기에는 꿈같은 삶이자 부러움의 대상이다. 하지만 엘사는 달랐다.

"저도 제 삶이 괜찮은 편인 걸 알아요. 직업도 괜찮고 학생들도 저를 좋아하고 남편도 저를 사랑하고 아이들도 이제 독립해서 알아서 잘 살아갈 수 있다는 것도 알아요. 그런데 이 모든 걸 갖췄는데도 저는 완벽하지 않아요. 제가 법 쪽으로 뛰어나다는 건 알고 있지만 제 전문 분야를 벗어나면 자신이 없어요. 나이가 들면서 살이 좀 쪘는데 마치 몇 톤이나 나가는 것 같아요. 친구들 앞에서 수영복을 입는 게

---

* 기밀 유지를 위해 여기에 나오는 이름과 개인 정보는 모두 변경했다.

싫어서 같이 휴가를 가지 않고요. 남편과 친구들이 열광하는 정치 이야기에도 끼지 않아요. 잘 이해가 안 되거든요. 제가 부족하다는 생각이 들어서 누군가 제 출판물이나 외모를 칭찬할 때면 얼굴이 붉어져요. 남편과 아이들은 제가 예쁘다고 말하지만 그 말을 믿기 어려워요. 겸손을 가장하는 게 아니에요. 부모님께 예쁘다는 말을 들으면 웃게 되거든요. 부모님은 항상 저를 아무런 조건 없이 사랑해 주셨으니까요. 저는 완벽하게 행복해야 할 것 같은데 왜 이러는지 이해할 수 없어요."

엘사는 결혼, 일, 양육이라는 세 가지 영역에서 큰 실패나 굴곡 없이 성공을 거뒀다. 하지만 그녀는 자신이 완벽하지 못하다는 생각으로 고통받으며 그 이유를 이해하려 애쓰고 있었다. 여성들 사이에서 흔히 볼 수 있는 사례인데, 여성들은 자신감이 부족한 이유를 명확하게 파악하는 데 어려움을 겪으며 표면적으로 드러나는 사실보다는 느낌으로 설명하는 경우가 많다. 이렇게 모호한 느낌은 특히 가족과 직장이라는 실재 영역에서 '성공'했을 때 더욱 두드러진다. 그래서 특히 새로운 목표를 세우고 인생에 새로운 의미를 부여해야 할 시기인 50대에 자신을 돌아보고 의문을 품곤 한다.

엘사는 법 이외의 분야에서도 능숙하기를 원하고, 남편과 함께 사람들 앞에서 당당하게 의견을 낼 수 있기를 원했다. 그러니까 그녀의 자존감은 여러 분야에서 교양 있는 전문가가 되는 것에 달려 있었다. 여성들은 나이가 들어가면서 체형이 변하고 몸을 내 마음대로 통제할 수 없을 때 실망과 수치심을 느끼기도 한다. 사회에서 조장하는 이상적인 여성의 몸과 큰 차이가 있던 그녀는 '날씬하고 완벽'해야 아름답고 행복할 수 있다는 메시지를 전달하는 해로운 이야기들 속에서 소외당하는 느낌을 받을 수밖에 없었다.

완벽함에 대한 욕망은 신체에 관한 것이든 다른 것이든 자신감을 떨어뜨리는 또 다른 왜곡된 사고 체계다. 엘사는 자신감 부족, 완벽 강박, 타인의 시선에 대한 두려움, 자기 신체에 대한 부정적인 시각 등 여러 측면을 보여준다.

왜 내가 사기꾼처럼 느껴질까

자신감 부족은 행동과 성취를 통해 줄일 수 있지만, 가면 증후군 Imposter Syndrome에 빠지면 성공할수록 자신이 이룬 것을 더 의심하게 된다. 이는 매우 까다롭고 비극적인 변형이다. 가면 증후군이 주는 고통이 바로 여기에 있다. 역설적이게도 성공하면 할수록 가면 증후군은 지속되고 커진다. 성공했기 때문에 오히려 더 불안해지는 것이다. 성공 자체가 그 사람을 악순환의 고리에 가두고 편향된 방식으로 생각하게 만든다. '아! 또 들키지 않고 모두를 속였다. 이번에도 무사히 넘겼다!'라고 생각하는 것이다.

● 성공할수록 더 커지는 의심

가면 증후군에 빠진 사람은 자신의 성공을 나타내는 구체적인 외적 증거를 일관되게 무시하거나 심지어 비판한다. 객관적인 시각을 갖추는 데 약간의 자기 의심이 필요하긴 하지만, 이 경우에는 자신의 성공을 받아들이지 못할 뿐만 아니라 심지어 그 반대로 믿기도 한다. 그래서 이들은 항상 자신의 '진짜' 재능과 지적 수준에 대해 세상을 속이는 것 같은 느낌을 받는다. 불안감이 더 커지는 완벽한 조합이 만들어지는 것이다. 그래서 똑똑한 사람이 가면 증후군에 빠지는 경우가 많다.

조세핀의 사례를 살펴보자. 35세이며 박사 학위를 보유한 그녀는 주요 자회사를 관리하는 새로운 일자리에 지원하기 위해 차고 넘치게 준비했다. 지원자는 총 30명이었고 다섯 번의 면접을 봤다. 그녀는 모든 질문에 답했고 어떤 반박이든 예상하고 대처했다. 그 결과 최종 면접에서 미래의 동료들은 살갑게 악수를 청하며 환영의 인사를 건넸다. 조세핀은 면접을 마치고 나와 남자 친구와 여동생, 가장 친한 친구에게 전화를 걸었다. 하지만 자신이 거둔 이례적인 성공을 진심으로 축하할 수 없었다. 조세핀은 자주 식은땀을 흘리고 잠을 이루지 못했다.

　이렇듯 가면 증후군을 가장 극심하게 느끼는 시기는 인생에서 중요한 전환기일 때가 많다. 조세핀처럼 새 직장을 구하거나 학업을 시작하거나 인생에서 새로운 단계로 진입하는 시기일 수 있다.

　조세핀은 고학력자일 뿐만 아니라 압박감이 심한 모든 채용 단계를 무사히 통과했다. 자신이 가진 역량과 능력을 충분히 발휘해 확신을 품고 적절한 어조로 지식을 전달했으며 목소리에는 어떠한 망설임도 실려 있지 않았다. 또 자신에게 어떤 동기가 있고 어떤 야심이 있는지 이야기했고 재미있는 일화를 곁들여가며 관리자들의 마음을 샀다. 그 모든 것들이 그녀가 해당 직무의 책임과 새 고용주의 요구 사항에 부합하는 여러 자질을 보유하고 있다는 증거였다. 그럼에도 새로운 직무에 대한 불확실성을 떨쳐낼 수 없었다. 어떻게 해도 마음이 놓이지 않았다. 스스로가 적합한 사람이라고 생각하지 않았고, 사람들도 얼마 지나지 않아 그 사실을 깨닫게 되리라고 생각했다.

　주어진 업무를 제대로 해내지 못할까 봐 걱정에 시달리던 그녀는 이후 몇 달 동안 자기 자신뿐만 아니라 팀원들에게도 가혹한 업무 패턴을 만들어냈고, 말도 안 되는 근무시간을 강요하다가 점차 사회생활에서 멀어져 갔다. 복도에서 오가는 가벼운 대화나 약식 업무보고 시 사람들이 건네는 축하의 말도 그녀에게는 압박으로 작용했고 일을 완벽히 해내고자 엄청난 시간과 노력과 에너지를 쏟아부었다. 칭찬에도 기뻐해야 할지, 민망해해야 할지 알 수 없던 그녀는 모든 것이 혼란스럽고 걱정스러워 번아웃이 오기 직전에야 마침내 도움을 요청하기로 결심했다.

● 성공이 운이라는 착각

가면 증후군에 시달리는 사람의 또 다른 특징은 자신의 성공이 운이나 우연이라며 스스로 성공할 자격이 없다고 생각한다는 점이다. 1958년 프리츠 하이더Fritz Heider가 밝혀낸 '귀인 이론attribution theory'이라는 메커니즘이 바로 여기에서 비롯됐다. 가면 증후군에 시달리는 사람은 인지적 편향, 즉 사고의 오류를 가지고 있다. 이는 무엇을 의미할까?

일반적으로 사람들은 자신의 성공이 지속적이고 내부적인 원인(내가 유능해서)에 기인하며 그 원인을 어느 정도 통제할 수 있다고 생각한다. 하지만 가면 증후군에 시달리는 사람들에게 성공은 전적으로 외부적 원인에 기인한다(따라서 불안정하고 자신이 통제할 수 없다). 외부적 원인에는 운이나 타인의 친절, 타인의 판단 착오 등이 포함되기에 절대 자신의 공로가 아닌 것이다.

● 두려움을 안고 산다는 것

1978년 미국의 심리학자 폴린 로즈 클랜스Pauline Rose Clance와 수잔 임스Suzanne Imes는 위와 같이 특징적이고 극단적인 자기 의심 현상에 '가면 증후군'이라는 이름을 붙였다. 이후 이 개념에 변화가 있었고, 서구권에서는 오늘날 '가면 현상impostor experience'이라는 명칭을 더 자주 언급한다. 이는 성과 지상주의에 빠져, 완벽히 해내야만 가치 있다고 느끼고 성공만이 사랑과 애정을 보장하는 유일한 방법이라고 생각하는 현대 서구 사회에서 점점 더 많이 나타나고 있다.

가면 증후군은 정신질환이 아니다(정신질환에 대한 정신과 매뉴얼인 DSM-5에 진단이 등재되어 있지 않다). 하지만 자기 자신에 대한 특정 신념만을 중시하는 마비된 사고방식이며, 여기에는 스스로 '뛰어나지 않다'는 생각과 완벽하지 않은 자신이 부당하게 자리를 차지하고 있다는 생각이 매우 강하게 자리 잡고 있다. 이들은 스스로 '내가 정말 이 자리에 있을 자격이 있는가? 승진할 만한 자격이 있는가?'라고 묻는다.

<u>스스로 남들을 속이며 살아간다고 느끼는 것은 겉으로는 평온한 듯 보이나 속으로는 두려움을 안고 살아간다는 의미다.</u>

● 가면 증후군이라는 함정

임상 심리학자 제사미 히버드Jessamy Hibberd 박사는 자신의 책에서 가면 증후군이 어떻게 함정이 되는지, 그리고 자신감 부족과 가면 증후군의 차이를 설명한다.

성공을 거듭하더라도 이를 인식하는 것과 실제로 느끼는 것 사이에는 끊임없는 싸움이 존재한다. 가면 증후군에 시달리는 이들은 자신의 성공을 내면화하기가 매우 어렵다. 뭔가를 잘할 때마다 외부적인 이유를 들어 자신을 부정하고, 뭔가를 잘하지 못하거나 잘못할 때마다 자기 탓을 한다. 모든 것에 대한 책임이 스스로에게 있다고 생각한다. 이는 편견처럼 작동하는 왜곡된 시각이지만, 가면 증후군에 시달리는 사람들은 자신에 대한 부정적인 인식을 강화하고 확인하기 위해 증거를 확대 재생산한다. 가면 증후군은 자기비판과 의심, 실패에 대한 두려움이 결합해 만들어진 것이고, 쌓이는 일과 미루기 사이에서 우리를 갈팡질팡하게 만든다.

자신감이 부족한 사람은 과연 목표를 달성할 수 있을지, 어떻게 해야 달성할 수 있을지 모르지만 열심히 노력하고 마음을 다해 목표를 달성하고 나면 기쁨을 느낀다. 하지만 가면 증후군에 시달리는 사람은 걱정이 줄어들지 않는다. 열심히 노력한다는 점은 같지만 목표를 달성하고도 자신의 성공을 과소평가한다. 성공으로 그들의 관점을 바꾸는 것은 불가능하며 점점 더 문제가 눈에 띄고 압박을 받기 때문에 추락을 피할 수 없다. 그들에게 성공은 스스로 생각하는 자기 이미지와 양립할 수 없는 것이다.

● '이런 느낌'이 드는 이유

히버드 박사에 따르면 가면 증후군에는 선천적인 부분과 후천적인 부분이 있다. 그러나 필연적인 건 아무것도 없다. 날 때부터 다소 불안한 기질을 지닌 사람은 자신감을 심어주는 교육을 통해 바뀔 수 있다. 반대로 자존감과 자신감이 높은 상태로 태어났더라도 시간이 흐르면서 그런 잠재력을 잃을 수 있다.

다만, 모순된 말(가면 증후군의 가장 두드러진 표식 중 하나)을 듣고 자란 아이는 대체로 가면 증후군에 취약해 조금씩 자기 의심이 자리 잡기 시작하다가 만성화될 수 있다. 사람은 누구나 자신을 의심하고 스스로 확신하지 못할 수 있지만 그 점이 만성화되면 진짜 핸디캡이 된다. 특히 우리는 최고의 모습을 보여줘야 한다고 부추기는 세상에 살고 있다. 초경쟁 사회에서는 성과와 성공이 최고 가치로 여겨지고 소셜 미디어라는 거짓된 거울을 통해 전달되기 때문에 삶은 완벽한 그림처럼 보이기 마련이다.

● '이런 느낌'이 불러오는 위험

스스로 사기꾼 같다는 느낌이 들면 첫 번째 위험으로 번아웃이 올 수 있다. 진짜 자신이 어떤 사람인지 발각되지 않으려 애쓰면서 완벽하게 목표를 달성하기란 괴롭고 지치는 일이다. 아주 사소한 실수까지도 예상하고 과도하게 노력을 기울이다 보면 자기 의심과 속이는 느낌이 더 커져서 엄청난 스트레스를 유발하며 과로로 이어질 수 있다.

두 번째 위험은 모든 일을 뒤로 미룬 채 꼼짝하지 못하는 상태에 빠지는 경우다. 힘들거나 고통스러울 때 일을 미루기도 하지만, 이것이 습관이 되어 어떤 일이 닥치든 무조건 미루는 방식으로 대응한다면 아주 힘든 상황에 처할 수 있다. 기회를 놓치고 주변 사람에게 실망을 안겨주며 자신이 가치 없는 존재임을 확인하는 악순환에 빠지게 된다. 완벽에 대한 강박과 실패의 두려움, 자신감 저하로 상황을 편향적으로 해석하면 목표를 이루는 데 필요한 동기를 사라지게 만들 수 있다.

세 번째 위험은 성공을 진정으로 즐기거나 원하는 방향으로 나아갈 수 없기 때문에 일이 지루해지는 것이다.

네 번째 위험은 스스로 한계를 지어버리는 믿음 외에 다른 사람의 능력을 판단하는 시각도 잘못될 수 있다. 가면 증후군에 시달리면 주변 사람들은 자신감이 충만하며 고통받지 않을 거라고 상상한다. 그들은 나와 너무 달라서 그 자리를 차지할 자격이 있다고 생각한다. 사기꾼이 된 것 같다는 두려움 속에서 자신을 고통스럽게 만든다.

● 불안과 두려움의 연결 고리

다른 사람들이 자신의 본모습을 알아차릴까 봐 두려워하는 것은 우리가 자유를 직면했을 때 느끼는 우리 존재 자체에 대한 깊은 불안과 두려움일 수 있다. 사르트르는 "우리는 자유를 '선고' 받았다"고 했는데, 이런 인간 조건의 특성은 책임이라는 개념과 연관이 있다. 자유로운 인간은 자기 행동에 책임을 지는 사람이다. 성공에 책임이 따른다면 실수에 대한 책임도 따르며, 이 같은 존재론적 불안은 우리가 사기꾼이 된 것 같다는 느낌에 시달릴 때 더욱 극심해진다.

내가 누구인지, 내가 무엇을 할 수 있는지 지독하게 걱정되고 불안한 마음은 성공에 대한 두려움과 비슷하다. 특히 성공을 최고의 가치로 여기고 어렸을 때부터 성공해야 한다고 주입하는 사회에서 스스로 성공할 수 있다고 여기며 자기 잠재력을 인정하는 것은 두려운 일이다. 특히 어린아이들은 '조건적' 수용의 대상이 되는 경우가 많다. 심리학자 케빈 샤상그르Kevin Chassangre는 이렇게 지적한다. "우리 사회는 아이들에게 성공하면 좋은 사람이고 실패하면 나쁜 사람이라고 가르치는 경향이 있다."

미국의 작가 메리앤 윌리엄슨Marianne Williamson은 이에 대해 다음과 같이 말한다. "우리는 자신에게 묻는다. '나는 누구인가? 밝고 훌륭하고 재능 있고 멋진 사람이 될 자격이 있을까?' 하지만 사실 우리가 물어야 할 것은 '내가 그럴 자격이 왜 없을까?'이다."

성공하고 빛나고 행복해지려면 스스로 그럴 자격이 있다고 받아들여야 한다. 하지만 스스로 적합하지 못하다고 느끼는 한, 이 말은 실현 가능성 없는 소원일 뿐이다. 그렇기에 많은 사람들이 자기 자신에게 최악의 적이 된다. 발각되고 평가받는 것에 대한 두려움 때문에 사람들은 자신을 안전지대에 가둔다. 성공을 부정하고 스스로 한계를 지어버리고 그 한계를 믿는 과정에 갇혀버린 사람들은 만족감을 느끼지 못하고 사회가 긍정적인 이미지를 되돌려주지 않기 때문에 자신에 대한 의심이 마음속에 더욱 깊게 자리한다.

32세의 소피는 보르도에 있는 문화 기관에서 일하면서 프랑스 북부에 있는 박물관에 자리가 나길 기다리고 있었다.

> "가족과 가까운 곳에 있고도 싶고, 무엇보다 큐레이터가 되고 싶다는 제 꿈을 실현하고 싶어요. 보자르 예술학교를 졸업할 때부터 꿈꿔왔던 일이죠. 지금 일도 아주 잘하고 있어요. 상사도 제가 하는 일을 마음에 들어 해서 얼마 전에 더 많은 책임을 맡게 됐어요. 큐레이터라는 최종 전당으로 가는 데 경력상 도움이 되는 업무였죠."

하지만 상황은 잘 풀리지 않았다. 소피는 과중한 업무로 인해 중요한 회의에 빠지기 시작했고 인사팀에 도움을 요청하는 등 더 이상 버틸 수 없는 지경에 이르렀다. 그때 지원한 박물관에서 1차 면접을 보자는 메시지가 왔지만 그녀는 결국 답하지 않았다.

왜 이런 일이 벌어졌을까? 호의적인 평가와 신뢰가 쏟아지면서 소피의 내면에 균열이 생기기 시작했다. 그녀는 긍정적인 말을 들으면 높은 성과를 내라는 뜻으로 받아들였고, 평가받는다고 느껴 실망을 주어선 안 된다는 의무감에 시달렸다. 그녀는 생각하고 고민하고 분석하며 빙빙 돌기만 했다. 마음속 깊은 곳에서 자신에게 벌어진 일이 우연이라고 확신했기 때문이다. 이런 믿음은 그녀의 미래를 망칠 뿐만 아니라, 현재의 책임감에 압도되어 꼼짝하지 못하게 만들었다. 그래서 그녀는 예전에 그랬듯이 문제가 생기면 결정을 미루거나 머리부터 숨기는 타조처럼 사태를 외면해 버렸다. 지금 맡은 일을 완벽하게 해내지 못하면 모든 것을 망칠 것 같고 사소한 흠집도 견딜 수 없다고 했다.

물론 이 모든 것은 객관적인 사실이 아니었다. 그녀의 왜곡된 시각이 그녀 자신을 가두고 세상을 흑백으로 보게 만들었다. 꿈꾸던 기회조차 실현 불가능하다고 믿게 되어 불안감을 느끼면서 자신감이 모조리 꺾이고 끝내 포기해 버린 것이다.

통계적으로 여성은 남성보다 불안감에 더 크게 영향을 받는다. 또한 다른 사람들이 자신을 어떻게 생각할지 더 걱정한다. 그 결과, 걱정과 낙담에 빠지기 쉬워지고 자신감 부족 현상이 더 악화되어 스스로 사기꾼이라고 느끼게 된다. 소수자들의 경우에 자신감 부족으로 더 큰 고통을 겪을 수 있다. 표준과 다르다는 생각은 스스로 다른 사람을 속이고 있다는 느낌을 더욱 부추기고 강하게 만든다.

나는 나를 어떻게 인식하는가

'자아' 이론은 서양 심리학에서 중요한 역할을 하고 있으며 관련 글도 매우 많다. 잠시 역사적 배경을 살펴보면 20세기 초 프로이트와 그의 제자들이 주도한 정신분석학이 등장한 이후 많은 나라에서 또 다른 이론과 치료법이 등장했다. 1940년대에는 행동주의와 에이브러햄 매슬로를 중심으로 한 인본주의 심리학이라는 두 가지 주요 흐름이 등장했다. '인본주의 및 실존주의' 심리학으로도 알려진 인본주의 심리학은 인간을 근본적으로 선한 존재로 보고 자신을 제한하는 조건에서 벗어나면 긍정적으로 변할 수 있다는 개념을 발전시켰다.

● 인간중심 접근법의 등장

1950년대 미국에서는 인본주의 심리학에서 '인간중심 접근법(PCA)'이라는 새로운 치료 기조가 칼 로저스에 의해 탄생했다. 에이브러햄 매슬로, 칼 로저스, 조지 켈리 등은 '자아'를 중심으로 한 치료적 접근과 성격 이론을 선보였다.

이 치료 기조의 특징은 무엇일까? 인간중심 접근법이라는 이름에서 알 수 있듯이 치료자는 문제가 아닌 개인에게 초점을 맞춘다. 중립적인 정신분석학과 달리 내담자와 공감적 관계를 맺으며 신뢰와 판단을 배제하는 분위기에서 내담자의 입장이 되어 상담한다. 치료자의 수용적인 태도는 특히 끊임없이 비판적인 평가를 받는 내담자에게 용기를 줄 수 있다. 또한 비지시성이 특징인데, 이는 치료자가 치료 과정을 주도하지 않는다는 의미다.

일반적으로 인간중심 접근법에 따르면 모든 인간은 자신의 깊은 경험, 즉 신체적·감각적 자각, 감정, 그로부터 도출되는 평가가 아우러진 상태(로저스는 이를 '유기적 자아'라고 부른다)에 매우 가까이 있는 한 충분히 기능하고, 스스로 결정하는 데 필요한 모든 것을 갖추고 있다고 한다. 이런 초기 동기는 로저스 이론의 핵심 중 하나로, 각 개인이 삶을 탐색하고 스스로 선택하며 자신의 잠재력(이를 '자기실현 성향'이라고 하는데 자유를 받아들이고 자신을 실현할 가능성을 말한다)을 실현하는 데 필수적이고 주관적인 나침반 역할을 한다.

● 나에 대한 정의

자아란 "자신에 대한 조직적이고 일관된 인식과 신념의 집합"으로 정의할 수 있으며, '나는 누구인가?'라는 질문으로 요약할 수 있다. 또 자아라는 개념은 정적인 것이 아니라 어린 시절과 청소년기에 강력하게 정의되며 평생 진화하는 과정이다.

칼 로저스Carl Rogers는 이와 같은 자아의 개념을 세 가지로 분류했다. 첫째는 우리가 자신을 인식하는 방식이며 이런 자아상은 현실과 반드시 일치하지는 않는다. 둘째는 자존감으로 우리 자신에 대한 가치와 존중을 의미한다. 셋째는 이상적인 자아로 평생 변화하며 우리가 되고 싶은 모습, 인생에서 바라는 열망을 나타낸다.

우리는 개인적인 경험과 자기 자신에 대해 가지고 있는 이미지가 일치할 때 비로소 조화와 자신감, 일치성(완벽한 합치)을 경험할 수 있다. 자아실현에 대한 성향은 주로 가정 환경에서 형성되며, 거기에서 아이는 자신의 고유한 개성을 계발하고 자기 자신을 실현할 기회를 얻는다.

● 나 자신을 긍정하는 힘

로저스에 따르면 자아는 자연스럽게 잠재력을 극대화하는 방향으로 나아가는데, 우리가 어린 시절에 어떤 경험을 했고 그것을 어떻게 해석하는가에 영향을 받는다고 한다. 우리는 관심과 사랑을 받기 위해 부모처럼 인생에서 가장 중요한 사람들이나 우리에게 영감을 주는 사람들에게 주의를 기울인다. 그리고 그들의 말, 판단, 평가와 그들을 기쁘게 하려면 어떻게 행동해야 하는지에 대한 모든 메시지를 흡수한다. 로저스는 이를 '가치 조건'이라고 부른다.

가치 조건은 자아 위에 놓인다. 다른 사람들이 어떤 생각을 하고 무엇을 중요하게 여기고 격려하고 좋아하고 싫어하고 옹호하는지 해석하고 나면, 그것들이 내면화되고 우리가 되고자 하는 모습의 복잡한 실타래를 형성한다. 우리는 항상 자신의 기준이 아닌, 다른 기준에 따라 바라보고 해석한다. 이는 마치 우리의 경험을 필터링하고 우리를 우리 자신으로부터, 그리고 우리의 고유한 시각과 해석으로부터 교묘하게 거리를 두는 렌즈와 같다. 우리의 시선은 이렇듯 주변 사람들의 평가와 인식에 따라 부분적으로 필터링된다. 학교나 친구, 문화도 마찬가지다.

그렇기에 자신에 대한 긍정적인 시각이 꼭 필요하다. 애정과 존중 어린 시선은 자아의 올바른 성장에 도움이 되며, 타인의 판단에 의존하지 않는 올바른 자아상을 형성하게 한다. 소중한 사람들이 우리에게 주는 선물인 셈이다. 우리가 사랑하는 사람들이 사용하는 단어는 상상할 수 없을 정도의 무게를 지닌다. 그 말들은 우리가 자아를 정의하는 데 영향을 미치고, 더 나아가 우리의 존재 방식과 선택 방식을 다채롭게 만든다.

로저스는 긍정적인 시선을 두 가지 유형으로 설명했다. 첫째, 조건부 긍정적 시선은 '조건부 사랑'이라고 부르는 것에 해당한다. 둘째, 무조건적 긍정적 시선은 '무조건적인 사랑'에 해당한다.

조건부 긍정적 시선의 경우 가치 평가의 영역은 아이에게 일종의 강요로 작용한다. 아이는 인정받기 위해 어른이 좋거나 나쁘다고 정한 규정에 따라 자기 행동을 맞춘다. 아이는 이 기준의 틀에 따라 행동하게 된다. 이 조건은 매우 구체적인 기준과 함께 아이가 자신을 바라보는 시선의 일부가 되며, 아이가 '좋은 사람'이 되기 위해 선택하는 방식의 바탕에는 부모가 내린 정의가 깔려 있다. 아이의 행동은 다른 사람들의 시선을 반영한다. 시간이 많이 지난 후 자신이 인식한 바와 부모가 인식하는 바에 차이가 생기면 선택에 직면했을 때 의심과 혼란이나 불안이 따를 수 있다. 그러나 로저스는 그때야말로 진정한 자기 자신으로 돌아갈 때라고 말한다. "기묘한 역설이지만, 내가 나를 있는 그대로 받아들이는 순간 나는 변화할 수 있다"고 말이다.

긍정적이고 무조건적이며 개방적이고 상대방을 궁금해하는 시선 속에 '진정한 자아'가 가능해지고 자아실현의 길로 나아갈 수 있다. 아이는 있는 그대로 받아들여지며, 무슨 행동을 하는지에 따라 엄격히 평가받지 않는다. 완벽하지 않고 더러 실패하더라도 긍정적인 시선이 유지되면 호기심과 자신감, 창의력을 촉진한다. 인간은 자기 자신에 대해 직관적으로 이해하는 바와 자신이 경험한 것 사이에서 조화를 찾아간다. 평생 노력을 기울여야 하지만 이 작업은 뿌리 깊은 자신감을 가져다준다. 이렇게 무조건적인 시선은 타인의 시선과 평가를 통해 자신을 인식하고 평가하지 않고 자신을 온전히 받아들일 수 있게 해준다. 그리고 자신에 대한 긍정적인 시선과 긍정적인 태도를 길러주어 타인의 시선에 의존하는 것을 막고 자존감을 키우는, 진정한 자율성을 위한 발판이 된다.

샤를 페팽은 "프로이트 정신분석학과 현대 철학, 신경과학, 긍정심리학에서 모두 동의하는 한 가지가 있다면, 그것은 '정체성이 다중적이고 다원적이며 여러 양상을 보인다'는 점"이라고 말한다. 고정된 채 변하지 않는 '나'는 존재하지 않으며 우리는 다원적이기 때문에 '아무것도 아니다'라고 말할 수 없다.

높은 자존감은 왜 필요할까

남들을 속이는 것 같은 느낌을 어떻게 치유할 수 있을까? 사회학자 퍼트리샤 브라플랑트로보 Patricia Braflan-Trobo는 "건전하고 건강한 자존감은 타인의 배려와 수용으로부터 독립하게 만들며 자기 자신과 평화로운 관계를 맺게 하는 열쇠가 틀림없다"고 말한다.

● 자존감은 자신감의 토대

자기 자신과 친밀한 관계를 맺고 자신을 긍정적으로 평가할 수 있는 능력은 누구에게나 필수 조건이지만 누구에게나 부족한 능력이기도 하다. 자신에게 관대하지 않고 자신을 좋아하지 않으며 자신을 믿지 않는 것 모두 우리의 정신적 고통의 주요 원인이다. '나는 형편없어', '나는 못생겼어', '나는 무능해', '이걸로는 부족해' 등 어린 시절부터 습득해 온 자신에 대한 모든 편견은 우리의 행동 방식과 선택, 삶의 질에 큰 영향을 미친다.

이유가 무엇이든, 끊임없는 자기비판은 자신감 부족을 부추긴다. 일반적으로 자신을 사랑하고 따뜻한 시선으로 자신을 바라볼 때, 우리는 타인의 평가로부터 더 보호받고 더 대담하게 계획에 임할 수 있으며, 조금 더 안정감을 가지고 삶을 마주할 수 있다. 따라서 자존감은 자신감을 발휘할 수 있는 토대가 된다. 복잡하게 정의하지 않더라도 자존감은 자기 사랑이자 자기 평가이며 자기 자신을 바라보는 시각에 대한 가치 판단이기 때문이다.

● 자존감을 구성하는 핵심 요소

정신과 의사이자 심리치료사인 크리스토프 앙드레Christophe André와 정신과 의사이자 작가인 프랑수아 를로르François Lelord는 공저 《자존감L'Estime de soi》에서 자신감을 자존감의 구성 요소 중 하나로 보았다. 조화롭고 균형 잡힌 자존감은 자신감, 자아상, 자기애, 이 세 가지 발판 위에 놓인다.

정신과 의사이자 심리치료사인 프레데릭 팡제Frédéric Fanget는 또 다른 핵심 요소로 '자기 가치 확신'을 들었다. 그가 주장하는 자신감 피라미드는 뒤에 나타낸 그림과 같다.

자존감이란 자신이 언제든 본질적 가치가 있는 존재라는 것을 마음속 깊이 아는 것을 의미한다. 자존감은 우리에게 날개를 달아주고 우리가 가진 능력과 가능성에 대해 더 확신을 가지게 한다. 매슬로가 계층화한 인간의 욕구를 통해서도 이를 엿볼 수 있다.

가치 확신
나의 대인관계 능력

자신감
나의 개인적인 능력

자존감
나에 대한 나의 의견

• **팡제의 자신감 피라미드** •

5단계
자아실현의 욕구
지식과 가치관 개발

4단계
존중의 욕구
가치 있는 존재라는 느낌, 정체성

3단계
소속의 욕구
타인의 애정, 경청, 이해, 존중, 소속감, 지위

2단계
안전의 욕구
안전함, 신뢰감

1단계
생리적 욕구
배고픔, 갈증, 생존, 성적 충족, 휴식, 잘 곳

• **매슬로의 욕구 5단계** •

● 자존감과 자신감의 선순환

자존감은 행동을 취할 수 있게 만드는 출발점이자 비옥한 토양이다. 마음속 깊은 곳에서부터 정서적 안정감으로 무장하면 능력을 습득할 수 있다. 능력이 있다면 자신감은 목표를 달성하는 원동력이 되며, 이는 다시 건강한 자존감을 유지하는 데 도움이 된다. 자존감과 능력은 이렇듯 서로 연결되어 있다. 능력이 있어서 성공하면 자기 역량에 대한 자신감이 생기고, 이는 다시 자존감을 높이는 선순환 구조가 만들어진다.

우리는 자신을 소중히 여길 때 자신의 가치를 확신하고 자기 자아에 긍정적인 태도를 보이게 되며, 우리의 가치 체계를 잘 이해하는 것은 자신을 정의하고 자신을 좀 더 긍정적으로 바라보는 데 도움이 된다.

● 나를 바라보는 또 다른 시각

낮은 자존감은 여러 가지 방식으로 나타날 수 있다. 몇 가지 예를 들어보자. 내적 기반이 견고하지 않으면 사무실에서 부정적 피드백을 받거나 저녁 식사 자리에서 오간 농담에도 자존감이 무너지는 느낌을 받는다. 모든 사람을 기쁘게 하고 싶은 마음에 어떻게 거절해야 할지 모를 때도 있다. 단어 하나하나에 신경 쓰느라 이메일을 보내는 것조차 망설이곤 한다. 자신에게 필요한 것을 요구하기 어렵고 미지의 세계를 두려워한다. 특히 다른 사람과 자신을 습관처럼 비교하고 스스로 부족하다고 생각하며 다른 사람들이 자신을 어떻게 생각할지 걱정한다. 한계를 설정하는 방법을 몰라 위축되고 비관적인 관점으로 늘 저자세를 취한다. 자기 의견을 주장하고 건설적인 비판을 수용하기보다는 수동공격이라는 방식으로 의사소통하는 경우가 더 많다.

영국 심리학자 마이클 아가일Michael Argyle은 자존감에 영향을 미칠 수 있는 요인으로 타인의 반응, 타인과의 비교, 사회에서 자신이 맡은 역할과 자신이 소속된 그룹에 정체감을 부여하는 방식으로 꼽았다.

● 자아와 세계가 관계 맺는 곳

심리학자 바리오Bariaud와 부르세Bourcet에 따르면 자존감은 "각 개인이 자신에 대해 갖는 다소 호의적인 태도, 자신에 대한 배려와 존중, 인간으로서 자신의 가치에 대해 갖는 느낌"을 의미하며 하나로써 존재하지 않고 오히려 다차원적이다. 즉, "특정 분야에서 능력이나 자질을 가지고 있다는 느낌에서 비롯되지만, 거기에 그치지 않고 좀 더 광범위하고 실존적인 의미에서 그 느낌을 뛰어넘는다."

칼 로저스Carl Rogers도 이 점을 강조했다. 로저스는 우리가 나 자신을 어떻게 생각하는가는 부모와의 수십만 번의 상호작용을 통해 형성되며 자아 개념에도 영향을 미친다고 말한다. 자녀는 부모의 조건적이거나 무조건적인 긍정의 시선에 계속 영향을 받기 때문이다. 가족으로부터 무조건적인 사랑과 자비롭고 존중 어린 시선을 받으면 자신을 호의적으로 바라보는 데 도움이 되고 집에서든 밖에서든 굴욕적인 경험을 하고 상처받으면 자신을 낮게 평가하는 성향이 싹틀 수 있다.

사르트르는 타인의 시선을 '지옥'이라고 표현했지만, 미국 작가 조앤 디디온Joan Didion은 타인의 자아와 멀어지지 않기 위한 자존감 키우기를 권장하면서 이를 책임감이라는 개념과 연결한다. 디디온은 "자기 삶을 책임지려는 특징, 의지가 바로 자존감의 근원"이며, 자존감은 "위조할 수 없고 계발하고 훈련할 수 있는 마음의 습관이자 규율"이라고 말한다.

결혼해서 아이 둘을 학교에 보내고 있는 39세의 디아나는 복직에 어려움을 겪고 있었다. 첫 아이가 태어난 이후 남편이 자주 질투심을 보이기 때문이다. 어릴 적 그녀의 삶은 가능성으로 가득 차 있었다. 생물학 박사 학위를 받은 후 파리 근교의 대형 연구소에 취직해 자신만의 방식으로 인류에 기여하고 있었다.

"어머니는 엄청 비판적이고 냉철한 분이셨어요. 물질적으로 너그러웠지만 자식들에게 잘못된 점이 있으면 서슴지 않고 지적하셨죠. 사춘기 때 갈등이 최고조에 달했어요. 어머니는 항상 제 외모를 지적하셨어요. 엔지니어였던 아버지는 일에 파묻혀 지내느라 거의 집에 안 계셨고요. 대학 시절 남자 친구와 결혼하면서 그제야 부모님과 어느 정도 거리를 둘 수 있었어요. 그 사람은 제게 자유와 사랑이었어요."

남편을 따라 프랑스로, 해외로 세 번의 이사를 한 디아나는 40대에 들어서면서 새로운 문제에 봉착했다. 다시 일하고 싶지만 결정을 내리지도 못하고 도전을 하지도 못하고 있었다. 오랫동안 남편에게 의존해 왔다며 그녀는 "더 이상 제가 누군지 모르겠어요. 마음이 공허해요"라고 말했다.

자기중심적인 부모는 자녀의 필요보다 자신의 필요를 우선시하는 경향이 있다. 그러나 이런 부모가 비판을 일삼으면 자녀는 아주 빠르게 자신을 의심하며 자발성을 잃고 행동에 앞서 심사숙고하게 되고 일상이 불안으로 물들게 된다. 끊임없이 자신을 의심하면서 외적인 추진력에 제동이 걸리고 결정을 내릴 때도 소극적인 태도로 임하게 된다. 자신을 표현하지 않음으로써 자신을 보호하는 반복적인 메커니즘이 자리 잡게 되어 마음속에 망설임과 의심이 깔리게 된다.

아이에게 '게으르다', '까다롭다', '멍청하다' 또는 '제멋대로다'라는 꼬리표가 붙으면 아이는 그 부정적인 속성에 한정되어 버린다. 그리고 그 부정적인 속성은 복잡하고 다양한 개인의 성격을 가려버릴 뿐만 아니라 자기의 정체성에 혼란을 불러올 수 있다. 40대에 들어선 디아나가 느끼는 공허함은 여기서 비롯된다. 디아나는 짧지만 탄탄한 경력을 쌓았음에도 불구하고 복직하고 싶다는 열망 앞에서 어찌할 바를 모르고 있었다.

아버지로부터 관심을 받지 못했다는 사실도 그녀의 자신감 형성에 영향을 미쳤을 것이다. 그녀의 아버지는 딸에게 많은 것을 기대하지 않았거나 기대하는 바는 컸으나 적어도 그 기대를 말로 표현하지 않았던 것 같다. 하지만 아버지의 시선은 외부와 세상을 인식하고 존재의 불확실성을 경험하는 데 아주 중요한 역할을 한다.

그녀에게 질투심 많은 남편의 존재는 사랑받고 인정받기 위한 보상 전략이 될 수 있다. 디아나는 혹시 모를 실망으로부터 자신을 보호하기 위해 자신의 진짜 목소리와 진짜 생각을 숨기는 법을 배웠고, 자신이 진정으로 원하는 것을 생각하지 않으려 노력했다.

우리는 매일 삶을 창조하고 발명한다. 우리의 삶이란 자아가 세상에 다가가고 관계 맺는 곳이다. 어린 시절에 자기 목소리를 내지 못하면 스스로 결정할 가능성을 키우기가 더욱 어려워진다. 특히 사회가 계속 침묵을 강요하고 우리의 자신감을 떨어뜨리는 데 일조한다면 더더욱 그렇다.

미국의 시인이자 작가인 실비아 플라스Sylvia Plath는 이미 오래전부터 그 사실을 외치고 있었다. 그녀는 교육을 받고도 집에만 있어야 하는 부르주아 여성으로서의 본인 경험을 바탕으로 그로 인해 발생할 수 있는 폭력에 대해 이야기했다.

> 유리 종 아래에서 죽은 아기처럼 텅 빈 채 얼어붙은 자신을 발견한 사람들에게 세상은 그 자체로 나쁜 꿈일 뿐이다. … 테니스와 통역을 동시에 할 줄 아는 콘스탄틴과 관용어를 줄줄 꿰고 있는 러시아 소녀 사이에 끼어 방음이 잘되는 유엔의 중심부에 앉아 있자니, 난생처음 나 자신이 경박하다고 느껴졌다. 문제는 내가 오랫동안 아무짝에도 쓸모없는 존재였다는 것이고, 더 큰 문제는 그제야 그 사실을 깨달았다는 점이다. 내가 잘하는 거라고는 장학금과 상을 타는 것이었지만, 그런 시대는 이제 끝나가고 있었다.

2
강박적이고 소심한 존재들

우리는 지금 우리가 어떤 존재인지는 알고 있지만,
앞으로 어떤 존재가 될지는 간과한다.
-윌리엄 셰익스피어

여성은 왜 주눅 들어 있는가

1909년 7월 13일, 기욤 아폴리네르Guillaume Apollinaire는 앙드레 살몽의 결혼식에서 시를 낭독하며 "우리는 시를 바탕으로 우주를 형성하고 해체하는 말에 권리를 가지고 있다"고 말했다. 언어는 시인의 전유물이 아니다. 우리는 말로 세상을 만들고 말은 우리를 만든다. 따라서 우리는 세상과 사회, 가족을 만드는 말을 신중하게 선택해야 한다. 언어는 우리의 현실을 정의하고 그렇게 인간에게 권력이 부여되었기 때문이다.

과거를 연구하는 것은 특정 신념이 우리 안 어디까지 뿌리내리고 있는지 이해하는 데 도움이 된다. 진부한 표현과 사고방식은 우리가 목소리를 내고 권력을 잡고 자신감을 얻기 위해 뒤집어야 하는 것들이다. 그리고 언어는 우리가 사용할 수 있는 첫 번째 도구이자 첫 번째 힘일 것이다. 여성이 자신감이 부족한 이유는 역사와 사회적 압박, 가족, 언어, 신념의 문제와 얽혀 있기 때문이기도 하다. 오랫동안 여성은 가부장제 안에서 연약하게 길러졌다. 따라서 여성의 자신감 부족은 대부분 역사의 유산이다. 천 년이 넘게 이어진 남성 지배의 산물인 것이다.

● 역사를 빼앗긴 존재

미셸 페로Michelle Perrot와 조르주 뒤비Georges Duby의 저서 《여성의 역사》에도 나오듯이 고대부터 남성들은 시간이 흘러도 자신의 흔적이 지워지지 않도록 자신의 업적을 기록해 왔다. 하지만 여성들은 침묵하는 어머니, 보이지 않는 주부 등 역사가 없는 존재로, 기억이라는 거대한 극장에서 자취를 감췄다.

그리스와 로마의 위대한 고대 문명에서 여성들은 아동이나 범죄자와 마찬가지로 법적 지위가 없었다. 수 세기 동안 인구조사에서도 누락되어 그저 존재하지 않는 것과 같았다. 미셸 페로는 이렇게 말한다. "나는 아무도 여성의 역사에 관심이 없다는 사실을 깨달았다. 모든 학문이 여성에 관심이 있지만 역사는 그렇지 않다. 잔다르크나 위인의 전당에 기록된 여성들을 제외하고는 여성들은 눈에 보이지 않으며 우리는 여성들에 대해 아무것도 알지 못한다." 역사조차 없는 존재들이 어떻게 자신감을 가질 수 있겠는가?

● 지배의 논리

여성사 전문가인 역사학자 크리스틴 바르Christine Bard는 '여성은 자신감이 부족하다'는 말에 충분한 근거가 있는지 의문을 품었다. 오히려 이런 주장 자체가 책임을 묻는 것은 아닐까? 차별을 겪고 있는 여성에게 우리는 자주 "당신이 좀 더 당당했다면, 조금 더 대담하고 자신감이 있었더라면 이런 문제가 발생하지 않았을 것"이라는 식으로 책임을 전가한다. 물론 사실이 아니지만 이는 여성의 죄책감을 더욱 가중시킨다.

지배-피지배 관계에서 정의상 피지배자는 억압받고 권력을 박탈당하고 자신의 능력과 창의성을 부정당하고 자유를 빼앗기기 때문에 자신감이 부족하다. 지배당하는 여성은 그래서 자신감을 잃게 된다. 물론 여성의 역사가 지배의 역사만은 아니다. 저항과 투쟁들로 이루어져 있고, 그것들은 일종의 모델이 되어 미래를 만들었기 때문이다.

● 신체와 자신감의 상관관계

흔히 자신감을 직업적, 정치적 측면과 관련이 있다고 생각하지만 크리스틴 바르는 자신감을 신체와 관련된 매우 내밀한 문제라고 보았다. 신체적으로 지배당하거나 심리적으로 굴욕감을 느끼거나 타인의 시선에 의해 통제당할 때 우리는 실제로 자신감을 잃게 된다. 바르는 "여성들이 완벽을 추구하는 것은 자신감 부족이라는 동전의 뒷면일 수 있다"고 말한다. 여성이 해방된 것은 사실이지만 바르는 다음과 같이 지적한다.

> 여성은 코르셋을 벗었지만 내면에 또 다른 코르셋을 만들었다. 젊은 여성의 육체에 날씬하고 근육이 있어야 한다는 의무감이다. 여성은 항상 그들의 몸으로 환원되며 남성 우위의 성별 구도 속에서 여성은 자연이고 생물학이고 번식이고 성기관으로 여겨진다.

● 권한을 부여하는 사회 변화

여성에게는 남성의 지배가 개인으로서 자신에게 어떤 영향을 미치는지 분석하고 이해하는 심리적 작업이 필요하다. 하지만 세상에서 그들의 위치와 자신감을 회복하려면 그것만으론 충분치 않다. 크리스틴 바르는 거기에는 수많은 개인적 요소가 작용하지만, 노력의 99퍼센트는 우리가 살고 있는 사회를 바꾸고 노동 조건과 교육을 근본적으로 변화시키려는 집단적 노력에 달려 있다고 말한다.

관습과 가정 교육, 생활 방식, 말하는 방식, 옷차림을 변화시켜야 하지만, 이는 매우 근본적인 문화적 변화로 여성에게만 해당하는 것이 아니다. 나는 역사 관련 연구를 통해 우리 사회가 얼마나 폐쇄적인지, 남성 지배의 역사에 얼마나 갇혀 있는지 깨닫게 됐다. 우리는 아직 해야 할 일이 너무나 많다.

존중받을 때 자존감의 뿌리는 깊어진다

자신감과 자존감 문제를 파헤치면 결국 우리의 어린 시절로 돌아가게 된다. 가정법 전문 변호사인 43세의 레티시아는 이렇게 설명한다.

> "오빠는 저보다 한 살 많아요. 그는 고등학교 3학년을 두 번 유급해서 저랑 같이 졸업했는데, 어렸을 땐 그게 너무 싫었어요. 저는 항상 성적이 좋았지만 오빠는 성적이 보통이었고, 그것도 열심히 했을 때 그랬죠. 성적이 나오는 날이면 끔찍했어요. 저는 최고 점수를 받았지만 오빠는 재시험을 봐야 했어요. 저는 제 기쁨을 억누르고 오빠를 격려하기 위해 최선을 다했죠. 부모님은 오빠에게 실망했다거나

제가 자랑스럽다는 말은 안 하셨지만 오빠는 상당히 공격적이었어요.

다행히도 오빠는 고등학교 졸업시험을 통과했고 대학에 들어갔어요(오빠는 역사학, 저는 법학 전공이었어요). 이후 우리는 금세 다시 가까워졌어요. 그렇지만 제가 자신감이 부족한 이유가 그때의 충격 때문이라는 사실을 깨닫기까지는 오랜 시간이 걸렸어요. 저는 항상 제 성공을 축하하는 데 머뭇거렸고 그 성공이 별것 아닌 것처럼 행동했어요. 운이 좋았다, 부산 떨 것 없다, 그 정도는 다른 사람들도 한다, 이렇게 말했죠.

서른 살이 되고 보니 경력 면에서는 성공을 거뒀지만 저는 혼자였고 누구를 만났다 하면 다 망쳐버렸어요. 그러던 중 오빠가 결혼하고 아이를 낳았어요. 치료를 받고 나서야 알았어요. 오빠가 행복해지기 전까진 제가 행복할 수 없다는 걸요. 오빠가 결혼하면서 2년 후에 저도 결혼하고 자신감을 되찾았어요. 누군가에게 칭찬받으면 우연이었다, 운이 좋았다며 둘러대지 않고 간단히 '감사합니다'라고 말하는 법을 배웠습니다."

우리가 느끼는 자신감과 자존감은 우리의 과거와 대인관계의 역사에 뿌리를 두고 있다. 앞으로 나아가고 일상을 개선하기 위해 위험을 감수하고 활력을 갖추려는 경향은 다른 모든 요소와 함께 부모나 어렸을 때 우리를 돌봐준 사람들과 깊이 상호작용하며 형성된다.

● 애착과 자신감의 관계

최적의 심리 발달 문제 연구에 평생을 바친 두 명의 연구자가 있다. '애착 이론'으로 유명한 영국의 정신과 의사이자 정신분석가인 존 볼비John Bowlby와 그와 가장 위대한 협력자가 된 메리 에인스워스Mary Ainsworth다. 에인스워스는 중요한 역할을 하는데, 해당 연구에 큰 영향을 미쳤기 때문이기도 하지만 끊임없이 자신의 가치와 자신감을 의심하며 고통받았음에도 불구하고 중요한 연구를 해냈기 때문이기도 하다.

에인스워스는 '낯선 환경'이라는 실험을 통해 엄마가 아이와 어떤 관계를 맺느냐에 따른 애착 유형을 세 가지로 정의했다. 첫째는 가장 일반적인 유형인 안정 애착이고, 둘째는 불안정-양가 애착이며, 셋째는 불안정-회피 애착이다.

20세기에 가장 중요한 이론 중 하나로 꼽히는 애착 이론은 애착과 자신감 사이의 연관성을 조명한다는 점에서 매우 흥미롭다. 애착 이론은 어머니와 자녀의 관계를 강조하는데, 볼비가 먼저 이 부분을 분석했고 이후 에인스워스도 분석했다. 에인스워스는 자신의 개인적인 삶을 공개하며 여성들의 죄책감을 덜어주려 애썼다. "정말 원한 대로 아이를 낳았다면 어머니의 역할과 경력 사이에서 만족스러운 균형을 이룰 수 있었으리라 생각하고 싶지만, 이 문제에 대해 쉽고 보편적인 만능 해결책은 없다고 생각한다."

에인스워스의 이론은 아이들이 본능적으로 느끼는 안전에 대한 근본적인 욕구를 강조했다. 아이는 다양한 신호(울음, 비명, 미소 등)를 사용해 부모와의 관계를 형성한다. 이런 신호는 부모의 관심을 끌어 부모와 가까워질 기회를 극대화함으로써 필요한 보살핌을 받을 수 있도록 설계됐다. 볼비는 "애착 행동은 일반적으로 더 강하고 현명하다고 인식되는 사람과 친밀감을 형성하고 유지하는 모든 형태의 행동으로 고안됐다"고 설명한다.

아이의 말에 귀 기울이고 아이를 이해하려는 부모의 태도와 일관된 피드백은 특히 고통과 당혹감이 나타날 때 안정감과 보호감을 준다. 아이가 느끼는 불안과 두려움 등 다른 부정적인 감정을 부모가 주의 깊게 받아들이고 조절하면 아이는 점차 부모가 옆에 있다는 사실을 알게 되고, 자신만의 공간을 탐험하려는 경향을 보이게 된다.

생텍쥐페리의 《어린 왕자》에 "본질적인 것은 눈에 보이지 않는다. 마음으로만 잘 보인다"라는 구절이 있다. 이 구절은 부모가 자녀의 말을 경청하고 자녀의 필요에 관심을 쏟는 인간의 특성, 즉 배려와 공감을 은유적으로 표현한다. 그리고 이런 태도는 자신감을 형성하는 데 기여한다. 아이의 모든 감정에 반응하는 사랑의 대화가 개인의 가치와 현실적인 자존감을 형성하고 유지하게 해주는 것은 맞지만, 그렇다고 그것이 절대적인 운명이나 필연적인 결과로 고정되는 것은 아니다.

안정된 가정과 달리, 정서적 거리감과 일관성이 부족한 부모로부터 위로가 되지 않는 반응을 받은 아이는 이해받지 못하거나 거부당한 느낌을 받게 되고, 자신에 대한 부정적인 정신적 표상으로 인해 자신과 자신의 가치를 의심하게 된다. 추후 성공을 위한 경쟁, 인정받고자 하는 욕구(이 욕구는 충족되었다고 생각하는 순간 사라진다), 다른 사람들에게 받아들여지기 위한 노력 같은 행동들은 성장 초기 단계에서 충분한 인정을 받지 못한 결과인 경우가 많다. 하지만 결정론 같은 것은 존재하지 않는다. 모든 심리적 과정과 정신적 구조와 마찬가지로 우리는 겪었던 일을 잊어버리는 것이 언제나 가능하다.

● 고유성을 존중해야 하는 이유

일반적으로 자녀를 (단순히 부모 모습의 연장선이 아닌 고유한 개성을 지닌) 온전히 인간으로 고려하지 않는 양육 방식은 자기 신뢰감을 확립하고 유지하는 데 방해가 될 수 있다. 엄격한 기준에 맞춰 애정을 조건화하고 자녀에게 수용되는 감정과 비난받는 감정 사이에서 자의적으로 선택하라고 강요할 경우, 자녀는 받아들여지지 않는다고 인식되는 감정을 억누르게 된다.

자기 부정의 악순환은 비뚤어진 색채를 띠게 되는데, 아이는 자신에게 어떤 부끄러운 점이 있다고 결론짓는다. 자긍심과 자존감이 손상되고 자아상이 흔들리고 성공이나 실패에 대한 부모의 부정적 또는 긍정적 반응에 따라 좌우된다. 평가의 감옥에 갇힌 사람은 있는 그대로의 자신을 인정받는 대신 '존재'와 '행동' 사이에서 갈등하며 자존감을 잃게 된다. 예를 들어 부모는 딸이 발레 스커트를 입은 모습을 상상했지만 딸은 권투가 하고 싶다고 한다. 이때 성별에 얽매이지 않고 딸에게 권투 글러브를 사주는 것, 그것이 딸을 존중한다는 의미다.

● 차별적 기대와 오염된 자아상

가족 내에서 여자아이에 대한 기대는 남자아이에게 기대하는 바와 다른 경우가 많다. 일반적으로 남자아이는 거친 놀이를 해도 괜찮지만 여자아이가 그렇게 하면 왈가닥이라고 한다. 성별에 관한 문화적 규범은 여자아이들에게 다른 사람을 돌보도록 장려하고 때로는 자신의 필요보다 다른 사람의 필요를 우선시하도록 장려하는 경향이 있다. 이 때문에 여자아이들은 추후 거절하기를 꺼리거나 스스로 '보조' 역할에 머무르게 된다.

여자아이가 형제자매의 비판적 판단이나 모욕적인 비교를 통해 낮게 평가받으면 긍정적이고 자신감 있는 자아상이 오염되고 자기비판으로 변질되어 부정적인 이야기가 내면에 형성될 수 있다. 그리고 사랑받거나 가치를 인정받으려면 착한 아이가 되어야 한다는 식의 제한적인 믿음이 자리 잡을 수 있다. 따라서 교육적인 관점에서 볼 때 남자 형제가 우대받는 환경에서 자란 여자아이들은 자신을 의심하는 경향이 더 강할 수 있다.

● 부모의 시선과 가혹한 비판

폴린 클랜스와 수잔 임스는 가면 증후군은 여성이 자기 자신을 잘못 인식하는 데서 비롯된다고 지적한다. 여성들의 자기 인식이 왜곡된 것은 처음부터 과일 안에 벌레가 들어 있던 것처럼 이미 내부적으로 여성을 바라보는 가족의 조건적인 시선이 영향을 미쳤기 때문이다. 그들은 두 유형의 가족을 찾았는데, 동전의 양면처럼 본질적으로 같은 문제의 다른 측면을 보여준다고 설명한다.

첫 번째 유형의 가정에서 여자아이는 모든 면에서 최고로 여겨지고 무엇이든 할 수 있는 존재로 평가받는다. "그래서 이 여성은 '내가 마음먹으면 못 할 일이 없고, 쉽게 해낼 수 있다'고 생각하며 자란다. 하지만 시간이 지나면서 그녀는 자신(또는 가족)이 바라는 만큼 뛰어날 수 없는 상황에 맞닥뜨린다. 그녀는 주변 사람들의 높은 기대에 부응해야 한다는 의무감을 느끼지만 서서히 버겁게 다가오기 시작한다. 학교에서 원하는 결과를 얻기 위해 두 배나 더 열심히 노력해야 하고, 결국 사실 자신은 다른 사람을 속이고 있다고 믿게 된다."

두 번째 유형의 가정은 형제자매에 비해 열등하다고 여겨지는 여자아이의 상황이다. 어릴 적부터 아이는 자신도 똑똑하다는 것을 증명하고 싶은 욕망을 키운다. 하지만 노력해도 주변 사람들의 인식을 바꿀 수 없다고 느낀다. 학교에 들어가고 자신의 재능을 가족들에게 보여주고 싶어 한다. 종종 뛰어난 성적을 받기는 하지만 가족으로부터 그 성과를 인정받는 데는 실패한다. 자신이 사기꾼 같다는 느낌이 커지기 시작하고, 계속해서 다른 사람에게 자신의 가치를 증명하고 싶지만, 자신이 부족하다고 생각하는 사람들의 말만 귀에 들어온다.

제사미 히버드 박사는 가면 증후군을 형성하는 또 다른 요인으로 부모가 표현하는 성공에 대한 가혹한 비판을 꼽았다. "비판적이거나 부정적인 이야기를 머릿속에 담고 성장한 경우, 자기 방식이 항상 부족하다고 생각하게 된다. 완벽주의자 성향이라면 아무리 성공을 거두더라도 기대에 미치지 못한다고 느낄 것이고, 계속 목표를 바꾸기 때문에 목표에 온전히 도달하는 일은 불가능하다." 이런 상황에서 자기비판 체계가 형성되고, 자신을 긍정적으로 인식하는 것을 방해하고 자기 자신에게 호의적일 수 있는 모든 가능성을 차단하는 최악의 결과가 만들어진다.

그러나 이런 문제들이 여성으로서의 DNA 때문이든, 우리가 살고 있는 사회와 어울리지 않는다고 느끼기 때문이든, 인스타그램 팔로워 수가 부족해서든, 보기 싫은 군살 때문이든, 우리가 얼마나 사랑스러운지 부모님이 말해 주지 않았기 때문이든, 결국 중요한 것은 얼마든지 바뀔 수 있다는 점이다. 우리가 신념을 바꾸고 타인이 우리에게 또는 우리가 자신에게 강요하는 한계를 넘어서면 우리는 한 걸음씩 무언가를 이룰 수 있다.

3

가면 증후군의 유형

자신을 믿는 순간부터
어떻게 살아야 할지 알게 될 것이다.
− 괴테

완벽주의자 유형

성공을 우연 때문이라고 믿는 것을 넘어 병적인 자기 의심과 완벽에 대한 요구가 계속되는 상황은 여러 유형의 가면 증후군으로 설명할 수 있다. 발레리 영의 이야기로 돌아가 보자. 그녀는 치료 워크숍이 성공을 거두자 그에 힘입어 미국 전역을 돌며 '자기의 능력을 판단하는 규칙을 어떻게 정의하십니까?'라는 첫 번째 훈련 과정을 진행했다. 수백 명의 증언을 수집한 후 그녀는 "여성들은 동일한 방식으로 능력의 개념을 정의하지 않았다. 여성들은 '기대에 부응하지 못할 때'의 불안감이나 수치심을 피하고자 자기 능력에 엄격한 규칙을 세웠다"라는 점을 발견했다. 이런 관찰을 바탕으로 발레리 영은 완벽주의자 유형, 백과사전 유형, 나홀로 유형, 모범생 유형, 멀티플레이어 유형, 이렇게 다섯 가지 유형을 도출했다.

발레리 영이 제시한 여러 유형 간의 경계는 명확하지 않아서 한 사람이 여러 유형에 속할 수도 있지만, 어쨌든 이런 유형을 통해 가면 증후군의 다양한 측면을 조명할 수 있다. 이 책을 위해 증언하기로 동의했거나 상담하는 동안 임상적으로 관찰한 많은 여성이 이 유형에 속해 있었다. 하지만 상담을 거듭하면서 다른 경우도 나타났다. 그래서 우리는 다섯 가지 유형에 두 개의 다른 유형을 더 추가하는 것이 좋겠다고 생각했는데, 이는 스스로 다른 이들을 속이고 있다고 느끼는 것보다는 신뢰 부족과 더 관련이 있다. 하나는 자기희생자 유형이고, 다른 하나는 가짜 자신감 유형이다.

첫 번째는 완벽주의자 유형이다. 이 유형이 가장 흔한 이유는 가면 증후군 심리와 가장 밀접한 상관관계가 있기 때문이다. 발레리 영은 "무언가가 어떻게 수행되는가에 초점을 맞추고, 뛰어난 성과를 냈어도 아주 작은 결함이 발견되면 실패했다고 느끼고 수치심을 느낀다"라고 설명한다. 완벽주의자 유형이 본인 기량에 대해 내리는 정의는 스스로 사기꾼 같다고 느끼는 방식에 영향을 미친다. 이 성격 유형은 대표 격이기 때문에 좀 더 자세히 살펴보겠다.

● 과도한 요구 혹은 높은 기준

가면 증후군에 시달리는 사람들은 지속적으로 또는 일생의 특정 순간에 자신의 '무능함'이 만천하에 드러날까 봐 몸서리치며 수치심을 피하기 위해 지나치게 보상하려 한다. 그래서 자신에게 지나치게 높은 기준, 심지어는 달성하기 불가능한 요구를 하는 행동이 나타난다.

전략으로서의 완벽주의는 나는 사실 능력이나 자격이 없다는 믿음을 강화하는 완벽한 연료가 된다. "내가 성공한다면 그건 내가 정말 능력이 있어서가 아니라 500퍼센트의 노력을 기울였기 때문이야"라고 되뇌면서 다시금 자신감이 부족해지고, 결국 지쳐서 성공을 향한 모든 시도를 위태롭게 만들 수 있다.

무언가를 성공적으로 해내려는 욕구는 자연스러운 것이며, 완벽을 추구하려는 마음은 동기 부여의 원천이자 원동력이 될 수 있다. 하지만 완벽해야 한다는 내면의 욕구가 폭군이 되어 나를 옥죄게 되면 건강에 해로울 수 있다. 심리학자들은 이를 '높은 요구' 또는 '높은 기준'이라고 말한다. 우리는 사소한 결함이나 실패를 용납하지 못한다. 직장에서든 삶의 다른 측면에서든 부족하다고 느낄 뿐 절대로 잘하고 있다고 생각하지 않는다.

이것이 적응적 완벽주의와 부적응적 완벽주의의 차이점이다. "적응적 완벽주의는 어느 정도의 노력으로 달성할 수 있는 높은 기준을 충족하고자 하는 욕구다. 부적응적 완벽주의는 자신에게 과도하고 달성 불가능한 요구를 부과하는 경향이며 이는 불안과 스트레스로 이어진다." 심리학자 폴 휴잇Paul L. Hewitt과 고든 플렛Gordon L. Flett은 완벽주의를 세 가지 차원으로 설명했다. 첫째는 자신에 대한 완벽주의, 둘째는 다른 사람에 대한 완벽주의, 셋째는 사회적으로 규정된 완벽주의로 다른 사람이 가지고 있는 비현실적인 기대에 부응해야 한다는 믿음이다.

사회적으로 규정된 완벽주의의 경우, 우리는 완벽해야 한다는 (가상의) 압박을 받는다. 사회에서 강요하는 여러 가지 제약 때문에 부적절한 완벽주의에 빠질 수 있다는 것은 쉽게 상상할 수 있다. 타인에 대한 완벽주의는 부부나 동료 간에 지나치게 높은 기준을 적용하기 때문에 갈등으로 이어지는 경우가 많다. 우리에게 생각할 거리를 안겨주는 다음 이야기를 살펴보자. 모든 조건이나 상황이 정확하게 맞아떨어져야 한다고 느끼는, 뛰어난 능력을 갖춘 32세의 은행원 로라에 관한 이야기다. 로라는 엄격하고 통제적이고 비판적인 교육을 받았다.

"제 어린 시절은 즐거웠지만 때로는 폭력적이었어요. 아버지 역시 힘든 어린 시절을 보내셨어요. 세 살 때 아버지 눈앞에서 할아버지가 돌아가셨어요. 아버지는 여섯 살 때 기숙학교에 들어가 사랑 없이 힘들게 자랐다고 했어요. 아버지는 저를 포함해 모든 사람과 힘겨루기를 해요. 아버지는 선생님이셨고 제 숙제 시간에 종종 집에 계셨어요. 어머니는 전문직이어서 아주 바쁘셨고요. 제가 글을 배울 때 빨리하지 못하거나 바로 성공하지 못하면 아버지는 인내심을 잃고 저를 때리셨어요. 분명히 그때 경험이 제가 일하는 태도에 영향을 미쳤을 거예요. 완벽해야 하고 실수할까 봐 무서워하는 마음 같은 거요. 아버지가 계시면 항상 살얼음판을 걷는 것처럼 느껴졌어요. 십 대에 들어 문제가 생기기 시작했어요. 열네 살에서 열다섯 살쯤 거식증이 생겼다가 폭식증이 생겼어요. 어린 시절은 남자와의 관계에도 영향을 미쳤어요. 저는 종종 남자를 폭력과 연관 지어요. 물론 이 사실을 깨닫기까지 오랜 시간과 많은 치료가 필요했습니다.

나중에 일하면서 실수와 완벽함을 대하는 제 태도가 어떤지 알게 되었고, 제가 상사에게 늘 '검증'받기를 원한다는 사실도 깨달았어요. 스스로 사기꾼 같다고 느끼면서 남성이든 여성이든 상관없이 상사에게 약간 어린아이 같은 태도를 취했어요. 그리고 유명한 투자은행에 입사했습니다. 항상 인정받고 싶었어요. 매니저가 제게 자랑스럽다고 말해 주기를 바랐어요. 그 말을 들어야 안심이 됐거든요. 그 말이 없으면 '충분히' 잘했다고 느낄 수 없었고, 그 자리가 제 것이 아닌 것처럼 느껴졌어요. 지금도 여전히 저를 보여주기 위해서는 더 열심히 노력해야 한다고 생각해요. 스물셋일 때나 그 이후에도 저는 지적으로 열등감을 느꼈어요. 증명해야 할 것들이 있었죠. 성공에 대한 욕구와 아버지가 틀렸다는 것을 증명하고 싶은 욕구가 제 경력을 발전시키는 원동력이 됐어요. 저는 파리와 스위스에서 일했고 이후 승진해서 런던으로 왔어요.

제 상사는 제가 어머니처럼 생각한 분이었어요. 그래서 저는 그분에게 인정받고자 하는 욕구를 투영했어요. 어느 순간 업무량이 너무 많아지고 지치게 되었는데 이 특권적인 관계는 제게 안 좋은 쪽으로 영향을 끼쳤어요. 독이 되어버린 거죠. 제가 어머니로 여겼던 여성이 실제로는 제 아버지처럼 되어버린 거예요. 저는 번아웃을 겪었고 그 상황에서 벗어나려고 2년 동안 일을 쉬어야 했어요. 쉬는 동안 저는 문제를 해결하고, 일 때문에 너무 힘들었던 경험뿐만 아니라 제 개인적인 삶, 끊임없이 인정받고자 하는 욕구, '완벽하지 않다'는 느낌에 대해 깊이 생각했어요. 저는 도움 받기를 좋아하지 않는다는 사실을 인정해야 했어요. 하지만 회사 사람들은 항상 저를 도와주려 했고, 이제야 도움이 정말 유익하다는 사실을 알게 되었어요.

새 직장을 찾았어요. 몇 주 동안 큰 인수합병 프로젝트를 진행했는데 팀 동료가 제게 말했어요. '사장님이 너에게 완벽하다고 칭찬하셨어. 너도 알다시피 사장님은 칭찬을 잘 안 하시잖아. 아주 까다로운 분이니까. 어쨌든 난 네 능력을 의심한 적이 없어.' 동료의 말에 안심이 되었고 인정받았다는 느낌이 들었어요. 그리고 나 자신을 더 잘 알게 된 것 같았어요. 스스로 얼마나 몰아붙였는지 깨달았어요. 저를 망치고 있었던 건 나 자신이었어요. 한 단계 더 나아갔구나, 깨달았어요. 저는 두 사람의 신뢰를 얻었고 그들의 신뢰는 제게 아주 중요해요. 두 사람의 눈을 보면 제가 검증되고 똑똑하고 인정받는다고 느낍니다. 완벽주의 성향을 버리는 데 도움이 된 것은 사실 나 자신에 대한 이해였어요. 제 장점 중 하나는 아주 현실적이고 사물을 있는 그대로 보기를 두려워하지 않는다는 점입니다. 제 한계와 강점을 객관적으로 파악할 수 있어서 일을 계획하는 데 도움이 돼요. 너무 멀리 갔을 때를 알 수 있거든요. 저는 상처를 많이 받았지만 이제 나 자신을 존중하려고 노력해요. 스스로도 상처를 많이 입혔지만 이제 다른 사람을 저보다 우선시하지 않으려고요. 누구도 저보다 중요하지 않으니까요."

● 여성의 관점에서 본 완벽주의

전통적으로 여자아이들은 집과 학교에서 완벽하고 얌전하게 행동할 때 칭찬받고 인정받는다. 이렇게 해야 인정받는다는 사실은 여전한 것 같다. 그들에게 '잘한다'는 것은 완벽하다는 것과 같다. 남자아이들은 말썽을 부려도 훨씬 더 관대하게 받아들여지는데, 이 점은 어떤 면에서 보면 인생에서 마주할 다양한 문제들을 더 잘 다룰 수 있도록 남자아이들을 준비시키고 훈련시킨다.

레이첼 시몬스Rachel Simmons는 자신의 책 《딸 심리학》에서 어떻게 여자아이들이 예의 바르고 겸손하며 자기 자신을 드러내지 않도록 교육받는지를 아주 잘 보여준다. 시몬스는 위와 같은 자아상이 부정적인 영향을 미친다고 비난한다. "우리는 '착한 여자아이'에게 규칙을 따르고 자신을 완벽하게 표현해야 한다고 기대한다. 위험을 감수할 여지가 별로 없다. … 그 결과, 여자아이들은 결국 신중함을 택하는 습관이 강화되는데, 쉬운 길을 택하는 데 편안함을 느낄수록 실수를 더 두려워하게 된다."

성인이 되어 자기주장을 하고 비판에 맞서 싸워야 할 때도, 자신의 자리를 찾거나 만들어야 할 때도, 어린 시절부터 계속 들어왔던 이야기는 여자아이들에게 큰 도움이 되지 못한다. 게다가 어린 시절부터 강요된 완벽에 대한 습관은 결코 사라지지 않고 때로는 강박관념으로 변하기도 한다.

청소년기와 성인기에 많은 여성들은 '모든 것이 완벽해야 한다'는 비현실적인 명령을 스스로에게 부여하면서 계속 실패를 경험한다. 이는 자기비판과 불안, 자기 능력을 의심하는 것으로 이어진다. 그래서 여성들은 야망을 이루기 위한 노력에 제동을 걸거나 가면을 쓴 것 같다는 느낌을 계속 가지게 된다. 능력이 있음에도 불구하고 자기 역량을 믿지 못하는 것이다. 시작하기 전에 완벽해야 한다는 생각에 사로잡히는 것은 가장 치명적인 독이다.

● 완벽주의의 참혹한 결과

이 유해한 메커니즘은 많은 책임 사이에서 이러지도 저러지도 못하는 사람들에게 자주 영향을 미친다. 그들은 모든 일에 동일한 수준으로 헌신해야 한다고 생각하며 책임을 관리하는 방식에서 엄격함을 보인다. 사실 사람들은 긴 '의무'들을 처리한 후에야 비로소 자신의 욕구를 생각할 권리를 가진다.

안의 환자 중에는 금융계 종사자가 많은데, 그중 대다수가 과로나 우울증, 불안으로 고통받고 있었고 스스로 자기 기대에 미치지 못한다고 느끼면서 분노와 좌절, 죄책감에 사로잡혀 있었다. 그들의 이야기를 들으면서 그들이 고통받는 원인이 무엇인지 알아차리기까지 오랜 시간이 걸리지 않았다. 바로 옷차림, 가정을 꾸리는 방식, 운동 방식, 자녀와 배우자의 행동 방식뿐만 아니라 침대에서나 사무실에서나 거의 모든 영역에서 부족한 점이 무엇인가에 초점을 맞춘 이상화된 비전에 압박을 받아서였다.

그들은 종종 눈물을 흘리며 스스로 완벽하지 못하다고 인식하는 것들에 대해 당혹감을 표현했다. 자신의 과업을 더 잘 예측하고 통제하지 못한 것에 좌절했다. 컴퓨터와 거울, 요리책을 두고 경직된 채 항상 자신이 충분하다고 느끼게 해줄 만한 완벽한 레시피와 새로운 계획을 찾기 위해 애쓰고 있었다. 이런 고통이야말로 완벽주의의 잔혹함을 명확하게 드러낸다. 완벽주의의 결과는 분명히 참혹하고 스스로에게 매우 비판적인 시각을 유지하게 만든다.

이런 상황에서 어떻게 자기 능력을 의심하지 않을 수 있겠는가? 세 아이를 키우는 마리엘렌의 상황을 살펴보자.

> 풀타임 직장인인 그녀는 아이들이 학교에서 머릿니를 옮아 온 후 번아웃 직전까지 갔다. 별일도 아니고 오히려 웃긴 상황이었지만 그것이 도화선이 되고 말았다. 그녀는 다른 사람에게 도움을 요청하지도 않고 매일 혼자서 침대 시트 네 개를 빨고, 아이들 머리에 약용샴푸를 바르고, 참빗으로 머리를 빗으며 살폈다. 그런 가운데 회의에 참석하고 장을 보고 아이들 학교 알림장까지 확인하는 등 모든 것을 감당하느라 육체적으로도 지칠 대로 지쳐버렸다. 그러나 남편의 느긋한 태도에 짜증과 실망감을 느끼고 상처를 받다가 분노하게 된 그녀는 결국 이성을 완전히 잃어버렸고 자신과 자기 능력을 의심하게 됐다. 집안일과 회사 미팅, 진

전이 없는 업무까지 더 이상 감당할 수 없는 지경에 이르렀다. 결국 그녀는 2주 만에 무너졌다.

이 이야기는 도움을 요청하지 않고 매우 높은 기준을 설정해서 '스스로에게 압박을 가하며' 가사를 완벽하게 해내려는 여성의 이야기다. 결코 기준에 도달할 수 없을 것 같은 느낌, 사소한 일로 지친다는 느낌, 그리고 바보 같다는 느낌이 결국 강해진다.

완벽주의자는 이렇게 비현실적인 목표, 즉 달성할 수 없는 목표를 세우고는 그 목표를 있는 그대로 보지 않고 실패를 예견하며 그 예견을 자신이 무능하고 무가치한 증거라고 받아들인다. 그리고 순조롭게 잘 진행되는 사소한 성공을 금방 사라지는 무가치한 것으로 여긴다. 이런 해석은 완벽주의자를 불행 속에 머물게 만든다.

실패는 아무리 사소하더라도 재앙으로 인식되기 때문에 자기 능력과 가치에 대한 의심을 극단적으로 커지게 한다. 완벽주의자 유형은 실패를 막기 위해 과도한 노력, 끊임없는 확인과 지속적인 압박의 소용돌이에 휘말리게 되고, 자신은 물론 주변 사람들도 견디기 힘든 스트레스에 빠뜨린다. 또 자기에 대한 동정심이 결여되어 있어서 자신에게 완벽한 성과를 요구한다.

그럼에도 역설적이게도 일을 미루거나 아무런 행동을 취하지 않을 수도 있다. 자신이 완벽하게 업무를 수행할 수 없을 것이라고 상상하고, 이 상상이 이들을 마비시키기 때문이다. 그래서 완벽주의자 유형은 불완전성의 위험을 감수하지 못하고 시작 앞에서 오래 고민한다.

● 편협한 신념이 만드는 공포

우리는 항상 완벽할 수 있을까? 대답은 분명히 '아니오'이지만, 완벽주의자에게 다음과 같은 부적절한 신념은 절대적 이상으로 작용한다. 첫째, 목표를 세울 때 한계를 고려하지 않는다. 둘째, 자신에 대한 기대치가 엄청나게 높다. 셋째, 실수와 실패에 대한 두려움이 병적일 정도로 크다. 넷째, 미묘한 차이도 인정하지 않는 '흑백' 논리로 생각하는 경직된 원칙을 가지고 있다. 다섯째, '~해야만 한다'라는 일련의 강박을 따른다.

이렇게 편협한 신념은 사소한 실수조차 치명적일 거라는 생각을 더욱 강하게 만든다. 이 모든 것은 실패에 대한 공포를 유발하고, 이는 다시 스스로 사기꾼 같다고 생각하는 악순환을 초래한다. 완벽주의의 여섯 가지 경고 신호를 정리하면 다음과 같다.

첫째는 투자한 시간을 신경 쓰지 않고 과도하게 업무를 부담하는 경우다. 둘째는 실패에 대한 두려움 때문에 100퍼센트 준비되지 않으면 새로운 프로젝트에 착수하기를 꺼리는 경우로 심지어 미루는 것으로 이어질 수 있다. 셋째는 잘못된 점에 지나치게 집중하는 경우다. 넷째는 실수를 피하기 위해 다른 사람을 지속적으로 통제하는 등 일을 위임하지 못하는 경우다. 다섯째는 스스로에게 매우 엄격하게 완벽을 요구하며 외부 비판에 대해 매우 낮은 관용을 보이는 경우다. 여섯째는 자기비판을 혹독하게 하는 경우다.

백과사전 유형

발레리 영은 "백과사전 유형이 지식을 대하는 태도는 완벽주의자가 품질을 대하는 태도와 같다"라고 말한다. 다시 말해 모든 것을 알아야만 유능하다고 느낀다는 뜻이다. 따라서 이 유형은 '모든 것을 다 알아야 하는 사람'이다. 모든 것을 알아야 한다는 강요는 이 유형이 스스로 유능함에 대해 내린 정의와 부합한다. '모범생 유형'과 마찬가지로 이들은 학습이라는 개념에 익숙하지 않다. 다른 사람들과 마찬가지로 자신도 부족한 부분이나 배워야 할 것이 있을 수 있다는 의미이기 때문이다.

  백과사전 유형은 시도하기 전에 먼저 전체적인 그림을 파악하고 그 주제를 숙지해야 한다. 이 유형은 평생 영원토록 학생이 된다. 결코 충분히 알지 못한다고 느끼기 때문이다. 이 점이 새로운 직책을 맡는 데 얼마나 큰 장애가 될지 쉽게 알 수 있다. 이들은 자신이 충분한 지식과 경험을 갖추고 있으면서 나머지 지식과 기술은 회사에서 점차 습득할 수 있을 거라고 여기는 대신, 자신에게 부족한 부분이 무엇인지부터 예상한다.

조에의 경우를 보자. 그녀는 스웨덴의 한 대기업 내에 있는 아주 좋은 직책에 지원할 수 있는 학위와 경험을 갖추고 있었다.

"하지만 저는 스웨덴어를 할 줄 몰랐어요. 보스턴에서 주로 하는 일이었고 회사 내 모든 의사소통이 영어로 이루어지는데도 스웨덴어가 필수라고 느껴졌어요. 채용 과정과 병행해 3개월간 수업을 들었어요. 최종 후보에 올랐지만 스웨덴어가 완벽하지 않아서 최종 면접을 앞두고 포기했어요. 이 일을 통해 전문 지식이 필요하다는 강박이 제 발목을 잡고 있다는 걸 깨달았어요. 경력을 올릴 좋은 기회를 이미 과거에 두 번 놓쳤다는 것도 깨달았고요. 저는 이제 서른셋이에요. 행동 치료를 받고 있으니 다시는 기회를 놓치지 않을 거예요."

나홀로 유형

"나홀로 유형은 한 가지 일을 맡으면 그 일을 A부터 Z까지 혼자 끝까지 해내고 싶어 한다. 성과 목록에 이름을 올리려면 자신이 오로지 혼자서 해야 한다고 생각한다. 모든 것을 이해하는 동시에 모든 것을 스스로 해결해야 하며, 도움을 요청하는 것은 나약함을 뜻하고 부끄러운 일이라고 생각한다." 나홀로 유형은 모든 것을 스스로 해야만 유능한 사람이고, 필요할 때 도움을 요청하는 것은 대역죄나 마찬가지라고 생각한다. 이들은 혼자서 앞으로 나아가는 사람이기 때문이며, 도움을 청하는 것은 약하다는 증거가 될 수 있기에 필요 없다고 생각한다.

다시 말해 나홀로 유형은 홀로 항해한다. 아버지가 그토록 바라던 아들 역할을 대신하며 엄격한 환경에서 자란 28세의 비올레트가 바로 그런 경우다. 그녀의 머릿속에는 한 가지 생각밖에 없었다. 고등학교 졸업시험을 보고 그녀가 살고 있는 지방 도시를 떠나는 것이다. 패션학교에 들어가 어렸을 때부터 역사 소설을 보며 키워온 꿈인 의상 디자이너가 되는 것이었다.

"저는 수완이 뛰어나요. 원하는 것을 이루려면 나 자신 말고는 믿을 사람이 없다는 걸 금방 깨달았어요. 부모님은 무대 세계가 발을 들일 만한 곳이 아니라고 생각하셨고 제가 공무원이 되기를 바라셨어요. 그래서 저는 베이비시터와 아르바이트, 룸쉐어링으로 파리에 상경했고, 결국 마리 앙투아네트 의상을 만들어서 심사위원들의 축하를 받으며 졸업장을 받았어요. 운 좋게 코미디 프랑세즈(프랑스 국립극장-옮긴이)에 취직했고 매우 빠르게 높은 책임을 맡게 됐어요. 저는 책에 둘러싸여 빨리빨리 혼자 일하는 데 익숙해져 있었어요.

제 나이와 부족한 경력을 생각하면 사실 제게 벌어지고 있는 모든 일을 감당할 자격이 없다는 건 마음속으로 잘 알고 있었어요. 지방 투어 중에 의상 두 벌을 엉뚱한 극장으로 보내서 공연을 못 할 뻔한 상황이 벌어진 적도 있었어요. 모든 일을 혼자 하는 데 익숙해져 있던 저는 시간이 부족하다는 건 생각하지도 않고 직접 문제를 해결하겠다고 드레스를 만들려 했어요. 제작자가 제게 말도 없이 의상 디자이너 두 명을 데려왔는데, 돌이켜 생각해 보면 그 당시에는 정말 불쾌했어요. 저는 수정 피드백을 들을 때마다 제가 무능하다는 증거로 받아들였어요. 팀 전체의 시간을 낭비하는 태도였죠."

모범생 유형

자기 자신이 사기꾼 같다고 느끼는 사람들은 성공뿐만 아니라 '어떻게'와 '언제'도 신경 쓴다. 발레리 영은 다음과 같이 설명한다. "모범생 유형의 능력은 수월함과 신속함으로 측정된다. 어떤 과목이나 기술을 익히기 위해 애쓴다거나 첫 번째 시도에서 성공하지 못한다는 것은 실패와 다름없고 따라서 수치스러운 일이다."

모범생 유형은 조금이라도 노력이 필요한 상황이 되면 그것은 내가 충분히 뛰어나지 않다는 뜻이며, 모든 것을 첫 번째 시도에서 성공해 내야 한다고 생각한다. 또 새로운 기술을 습득하기 위해 노력하는 것은 무능의 증거이고, 나에 대한 부정적인 이미지를 떠올리게 하며, 스스로 비효율적이고 부끄러운 사람이라고 생각한다.

모범생 유형은 새로운 것이라면 무엇이든 편향된 시각으로 접근하고, 이는 즉각 정서적 고갈로 이어진다. 이 유형은 끈기가 없으며 모든 것이 먹기 좋게 손질되어 바로 내 앞에 딱 대기하고 있어야 한다고 생각한다. 그리고 배움이 필요한 사안이라도 그것조차 알고 있어야 한다고 생각한다.

29세의 제시카는 지방에 있는 한 아름다운 마을의 가장 큰 제과점에서 파티시에로 일한다. 그녀는 그곳에서 견습생 시절을 보냈고, 가게 사람들은 그녀를 입이 마르도록 칭찬했다.

"2년 전 가게가 팔렸어요. 전 사장님들은 새 사장에게 저를 계속 고용해야 한다고 주장했어요. 제 기술이 없으면 고객들이 떠날 거라고요. 물론 기분이 좋았죠. 하지만 전 사장님들이 떠나자마자 유쾌한 새 주인은 결국 새로운 메뉴를 내놓겠다고 하더군요. 유쾌한 일은 아니었죠. 새로운 레시피를 생각해 내야 했는데 어떻게 해야 할지 모르겠더라고요.

제 머릿속은 여전히 전 사장님들에게서 받은 칭찬으로 가득 차 있었어요. 항상 '유일한' 전문가 대접을 받았는데, 다시 새로운 기술을 배워야 하는 마뜩잖은 상황에 놓인 거죠. 한 번 시도해 봤지만 제대로 숙달하지 못했다는 생각이 들자 자존심에 금이 갔고 포기하고 싶었어요. 다행히도 모두가 저를 믿고 기다려주셨고 모든 것이 다시 제자리를 잡았어요. 하지만 그 당시에는 무능하다는 느낌과 수치심으로 죽을 것 같았어요."

멀티플레이어 유형

멀티플레이어 유형은 네 개의 팔과 제3의 눈을 가지고 있으며 세상을 재건할 수 있는 능력을 갖춘 인도의 신 시바에 비유할 수 있다. 발레리 영은 "멀티플레이어 유형은 훌륭하게 해내는 역할이 몇 개인가로 자신의 유능함을 측정한다. 부모, 배우자, 친구, 자원봉사자 등 어느 한 가지 역할이라도 실패한다는 것은 이들에게 수치스러운 일이다. 모든 것을 감당할 수 있어야 하기 때문이다"라고 말한다. 멀티플레이어 유형은 '나는 모든 것을 다 해야 하는 슈퍼맨이다!'라고 생각한다.

이 유형은 늘 활동적이고 행동하려는 욕구가 강하다. 완벽주의자 같은 기준과 목표를 가지고 있지만 그 기준과 목표를 여러 역할로 확장한다. 한 분야에서 성공하는 것으로 만족하지 않고 자신이 맡은 각 역할에서 빛을 발해야만 유능하다고 느낀다. 이들은 끊임없이 행동해야 하기에 자칫하면 균형을 잃고 병가를 내야 할지도 모르는 아슬아슬한 상황에 놓일 수 있다.

28세의 데지레는 사랑스러운 남편, 태어나자마자 밤새 통잠을 자는 아기, 건축가라는 만족스러운 직업, 손쉽게 디너파티를 여는 재능, 친구들의 부러움을 사는 요리 실력 등 모든 것을 다 가졌다. 게다가 파리의 트렌디한 지역에 위치한 아파트까지. 어떤 상황인지 상상이 갈 것이다.

> "때때로 이 모든 게 정말일까 하고 스스로 꼬집어 보기도 했어요. 저는 정말 운이 좋았어요. 제 인생을 걸 만한 사람과 결혼했고, 건강한 아들이 있고, 시부모님과 부모님은 제가 엄마라는 역할과 건축가라는 일을 모두 잘하는 걸 보고 기뻐하시죠. 저는 아이와 시간을 보내려고 가끔 재택근무를 하고 일주일에 한두 번 사람들을 저녁 식사에 초대해요.

베이비시터를 구하는 것보다 손님을 초대하는 게 더 간단하니까요. 물론 아기를 돌봐주는 유모가 있고요. 한마디로 제 삶은 완벽했어요. 큰 프로젝트를 맡기 전까지는요.
속도를 맞추려고 야근을 하기 시작했어요. 피곤했지만 아주 행복해서 계속 그렇게 할 수 있을 줄 알았어요. 그러다가 일이 예정보다 늦어지고 고객이 소동을 일으키면서 2교대 근무를 해야 해서 집에 들어가는 시간이 점점 늦어졌어요. 모든 상황에도 불구하고 저는 남편의 도움을 거절했어요. 변호사인 남편을 귀찮게 하고 싶지 않다는 생각에 장을 보고 식사를 챙기는 일을 제가 다 알아서 했어요. 그러던 어느 토요일, 서류를 마무리해야 해서 사무실에 나갔어요. 집에 들어오니 아들이 걸음마를 뗐다고 남편이 말하더군요. 아들이 걷기 시작했는데 새로운 일을 거절하지 못해서 그 모습을 보지 못한 거죠.
전 완전히 무너졌어요. 눈물이 계속 나고 멈출 수가 없었어요. 스스로 끔찍한 엄마라는 생각이 들었고, 나로 인해 아들이 불행할 거라는 생각이 들었어요. 남편은 제가 심하게 압박감을 받고 있다며 걱정 어린 말을 해줬어요. 저는 두 달 동안 일을 쉬고 모든 것을 다 감당하려는 노력을 멈췄어요. 이제 저는 도움을 받아들여야 한다는 사실을 인정했고 정말 큰 도움이 됐어요."

자기희생자 유형

이제 우리가 추가한 다른 두 가지 유형을 설명하면서 각 유형에 관한 설명을 마치려고 한다. 먼저, 첫 번째 유형인 자기 희생자 유형은 희생까지 감수하며 헌신적인 태도를 보이는 여성들이다. 자기 말에 귀를 기울이는 것은 뒷전이고 남들을 실망시키는 것에 대한 두려움이 압도적으로 크다. 35세의 마이테는 자신을 잊어버릴 정도로 자기희생이 강한 유형이다.

"저는 어머니가 바깥일을 하지 않고 살림하며 여동생과 저를 돌보는 상당히 전통적인 가정에서 자라났어요. 아버지는 툴루즈 출신이고 어머니는 베트남에서 태어났어요. 어머니는 건축을 공부하기 위해 파리로 오셨고, 그곳에서 엔지니어였던 아버지를 만났습니다. 언니가 태어났을 때 어머니는 일을 그만두셨어요.

제 어린 시절은 매우 조용하고 규칙적이었어요. 저는 예의 바른 아이였고 책 읽는 걸 좋아했어요. 특히 만화책이요. 아버지는 자주 자리를 비우셨고 꽤 엄격하셨어요. 어릴 적 집안 분위기가 편하지 않았고 그래서 저는 말수도 적었어요. 어머니는 매우 세심하게 숙제 검사를 했는데 특히 수학을 많이 신경 쓰셨어요. 어머니의 무서운 학습 방식은 확실히 제가 좋은 점수를 받는 데 도움이 되었습니다. 실패는 용납이 안 됐어요.

공교롭게도 저는 학문적으로 뛰어났고 군사학교에 준하는 그랑제콜 입시 준비 과정을 거쳐 수펠레크Supélec(이공계 계열의 그랑제콜 고등교육기관-옮긴이)에 입학했어요. 저는 고도로 체계적인 환경에 익숙했어요. 그런데 무엇을 하고 싶은지 스스로에게 물어본 적은 없었어요.

저는 유명 컨설팅 회사에서 전략 컨설턴트로 일하면서 남편을 만났어요. 첫 아이를 낳은 후 복직하지 않았어요. 어머니가 그러지 말라고 하셨죠. 그런 수동성, 제가 진짜 원하는 것을 말하지 못하는 무능함은 정말 필요 없는 거였는데 말이에요.

돌이켜 생각해 보면 이후 제 삶은 그런 방식의 연장선이었어요. 저는 다른 사람들의 요구, 특히 남편의 요구를 거절하지 못한 채 제 삶에 적응했어요. 남편이 주재원으로 발령받아 싱가포르에서 근무할 때 저는 이중 문화에 익숙하지 않아 아이들 교육에만 집중했어요. 다른 엄마들과 어울리기가 어려웠어요. 그렇게 오랫동안 남편과 가족 뒤에 숨어 지내다 보니 어느새 훌륭한 보모가 되어 있더군요. 남편과 아이들은 저를 그들의 필요를 만족시켜 주는 존재처럼 대하고 말했어요. 견디기 힘들었지만 제 역할과 자리를 주장할 수가 없었어요.

다시 일터로 돌아갈 수 없다는 생각에 원망과 걱정으로 가득 찼지만 제가 능력이 없다고 느껴졌어요. 자신감이 산산조각이 났고요. 제겐 처음부터 자신감이란 없었던 것 같았죠. 누군가 제게 살아도 된다고 허락해 주기를 바랐어요. 저는 제 목소리를 잃어버렸고 남편이 이끄는 대로만 움직였어요.

사실 저는 제 삶의 주도권을 어떻게 되찾을지 몰랐고 나 자신과 평행선을 그리며 달리고 있었어요. 하지만 제 안에는 억눌린 분노가 쌓이고 있었어요. 세 번째 아이를 출산하는 동안 저는 거의 죽을 뻔했어요. 바닥을 치고 극도의 공포에 휩싸였어요. 이렇게 살다가는 죽을 것만 같아서 변화가 필요하다고 생각했어요."

마이테는 다른 사람이 자신에게 기대하는 바를 따르고, 다른 사람들을 실망시킬까 봐 그들의 기대에 맞춰 행동하는 태도를 보인다. 그렇게 오랫동안 자신을 잃어버리고 자기 가치에 대한 자신감을 잃었다.

자기희생자 유형은 자신의 운명에서 자신을 배제하고 배경으로 남는 것을 선택한다. 본인의 능력이 부족해서가 아니라 특정 시기에는 사회적 제약이 존재했기 때문이기도 하다. 프랑스의 소설가 콜레트Sidonie Gabrielle Claudine Colette가 그 경우였다. 19세기 말 콜레트는 자신의 이름으로 책을 내기 전, 남편 윌리의 이름을 빌려 책을 냈다.

그런가 하면 메그 월리처Meg Wolitzer는 소설 《더 와이프》에서 남편에게 작가로서의 정체성과 영광마저 빼앗기는 여성의 이야기를 그렸다. 소설 속 여성의 희생에 가까운 태도는 오늘날 있을 수 없는 일처럼 보인다. 하지만 희생적인 태도는 여전히 여성들의 집단 무의식 속에 잠재되어 있다가 특정 행동을 통해 발현된다. 과감하게 요구하지 못하는 행동처럼 말이다.

가짜 자신감 유형

추가된 유형 중 두 번째인 '가짜 자신감 유형'은 겉으로 보기에는 빛나지만 실제로는 더 어두운 면과 근본적인 자기 수용 부족을 숨기고 있다. 넘치는 자신감을 과시하고, 다른 사람보다 세 배나 많은 일을 할 수 있다는 것을 세상에 보여주고, 직장과 부부 관계에서 또는 물리적으로 성공의 모든 표식을 보여주는 것이 반드시 자존감과 내적 자신감을 반영하지는 않는다. 이렇게 거만하고 견고한 자아상은 사실 비판을 견디지 못해 가면을 벗고 싶지 않은 연약한 '자아'를 보호하는 연막이기 때문에 이런 사람들은 쉽사리 화를 낸다.

이들은 타인을 기쁘게 하고 타인으로부터 인정받고자 하는 끝없는 욕망을 품고 있다. 그래서 타인이 그들에게 가지고 있는 이미지 덕분에 타인이 자신을 좋아하게 만드는 데 성공하면 자신감을 느낀다. 그러나 인정받지 못하면 모든 것에 의문이 생기고 무너질 수 있다.

지나친 자신감이라는 가면 뒤에 숨겨진 소극성은 자기 수용이 부족하다는 의미다. 자존감은 여전히 지나치게 외부 성과에 달려 있고 당연한 것으로 받아들이지 않기 때문이다. 완벽주의자와 마찬가지로 이 역시 자신을 있는 그대로 받아들이는 데 어려움이 있음을 반영한다. 하지만 이제는 자신과 자신의 진정한 가치를 좀 더 온화하게 바라볼 때다.

이처럼 가면 증후군의 각 유형에 대해 편향되고 구식인 신념을 재평가하는 작업은 자신에게 좋은 것과 나쁜 것을 구별하고 분류하며 덜 엄격한 자아상을 계발하는 데 꼭 필요하다. 연민은 큰 도움이 된다. 실수에 대한 자기비판과 실패에 대한 두려움은 우리를 짓누르고 가면 증후군을 지속시키는데, 연민은 그 두려움을 잠재워주기 때문이다.

그리고 '나홀로 유형'이나 '가짜 자신감 유형'에 속하는 사람이라도 인생의 어느 시점에서 '진정한' 멀티플레이어 같은 사람이 될 수 있다.

　우리는 '실수는 인간적이다'라는 라틴어 격언을 알고 있다. 하지만 이 격언의 뒷부분인 '실수를 고집하는 것은 악마적이다'라는 말을 아는 사람은 많지 않다. 인간적으로 너그럽게 실수로부터 배우는 것은 성장의 비결이 될 수 있다.

4

흔들리는 삶 속에서

나쁜 별 아래 태어난 사람은 없다.
하늘을 읽을 줄 모르는 사람들만 있을 뿐이다.
- 달라이 라마

인생은 완벽할 수 없다

어떤 경험을 했느냐에 따라 자신감은 강해질 수도 있고, 약해질 수도 있다. 과거의 상처는 부정적인 특정 사건을 부각시켜 낮은 자존감과 실패감, 수치심의 소용돌이에 우리를 가둘 수 있다.

우리는 우리의 자신감을 무너뜨리는 사람을 만날 수도 있고, 반대로 자신감을 높여주는 사람을 만날 수도 있다. 정해진 것은 없다. 힘들고 끔찍한 어린 시절을 보냈더라도 잘 알려진 회복탄력성의 과정을 통해 자신을 재건하고 과거를 극복할 수 있다.

실제 사례는 아주 많다. 알베르 카뮈는 아버지가 제1차 세계대전 당시 전선에서 사망했기 때문에 아버지를 본 적이 없었고 알제리에서 가난하게 자랐다. 어머니는 귀가 들리지 않았고 글을 몰랐으며 할머니는 폭력적이었다. 하지만 카뮈는 운이 좋게도 자신을 믿어주고 자신을 믿도록 가르쳐 준 제르맹 선생님, 보리스 시륄니크Boris Cyrulnik의 표현을 빌리면 '회복탄력성의 스승'을 만났다. 1957년 노벨 문학상을 받았을 때 카뮈는 제르맹 선생님에게 이런 내용의 편지를 보냈다.

> 제르맹 선생님께. 제가 원하지도, 요청한 적도 없는 너무 큰 영광을 안게 되었습니다. 수상 소식을 들었을 때 어머니 다음으로 가장 먼저 선생님이 떠올랐습니다. 선생님이 안 계셨다면, 선생님이 불쌍하고 어린 제게 내민 사랑의 손길이 없었다면, 선생님의 가르침과 모범이 없었다면 이 모든 일은 일어나지 않았을 것입니다.

코코 샤넬로 잘 알려진 가브리엘 샤넬이 비참한 어린 시절을 보낸 후 제국을 건설할 거라고 누가 생각했을까? 가브리엘은 행상일을 하는 아버지와 재봉사였던 어머니 사이에서 다섯 자녀 중 장녀로 태어났다. 그녀가 열두 살 때 어머니는 과로에 시달리다 결핵으로 세상을 떠났다. 자기 삶을 망쳤다며 늘 자식 탓을 하던 아버지는 가브리엘과 두 자매를 고모에게 맡겼다(수녀원에

맡겼다는 설도 있다). 고아나 다름없던 그녀는 세속 수녀 밑으로 들어가 재봉 기술을 배웠다. 그 후 모자 제작자로서의 긴 여정을 시작해 살롱과 부티크를 열고 마침내 새로운 스타일과 당대 가장 중요한 패션 하우스 중 하나를 만들었다.

가장 고통스러운 시련이 있다면 그것은 버려짐의 고통일 것이다. 모든 상황이 너는 돌볼 만한 가치가 없다고 말하는 것처럼 보인다면 어떻게 사랑을 느끼고 자신감을 가질 수 있을까?

자신감이란 전혀 존재하지 않을 수도 없지만 절대적일 수도 없고, 삶의 모든 면에서 균등하게 적용될 수도 없다는 사실을 기억해야 한다. 뭐가 되었든 중요한 것은 완벽함을 꿈꾸거나 이상화하는 것이 아니라 자신의 강점과 약점을 파악하는 데 집중하는 동시에 인생의 충격을 흡수할 수 있을 만큼 유연성을 유지하는 것이다.

살다 보면 때때로 폭풍우를 만나 의지가 꺾이고 행동에 제동이 걸리기도 한다. 어떤 때는 기분이 좋고 행동할 준비가 되어 있고 필요한 모든 것을 갖춘 상태로 살아간다. 장애물은 좀 더 크거나 작을 수 있다. 하지만 영구적인 안정 상태 같은 것은 없다.

사고나 승진, 실직, 심지어 사랑하는 사람을 잃는 등 직장이나 가족 내에서 벌어지는 삶의 기복은 우리가 자기 가치를 제대로 인정받는다고 느끼는지 아닌지에 따라 자아 개념, 인정 욕구에 직간접적으로 영향을 미친다. 게다가 인생에서 발전이 중요하다고 생각한다면 안전지대에서 벗어나 위험을 감수할 줄 알아야 한다. 자신감을 가진다는 것은 절대 실수하지 않는다고 말하는 것이 아니라 실수를 받아들이고 거기에서 배울 수 있는 교훈을 찾는 것을 의미한다.

미국의 코미디언이자 시나리오 작가인 에이미 폴러Amy Poehler는 이렇게 말한다. "모든 것은 변하고, 나에게 일어나는 일들이 나를 정의하지 않고, 나중에 일어날 사건을 통제할 수 없다는 사실을 빨리 이해하면 이해할수록 그 순간에 더 잘 적응하는 법을 배울 수 있습니다. 나를 단단하게 잡아줄 기준점을 찾고 다음에 다가올 일에 대해 열린 마음을 가지세요."

특정 사건은 우리의 삶에 영향을 미치고 우리를 약하게 만든다. 이혼이나 사랑하는 사람의 죽음, 질병 등이 그 예다. '인생의 사고'가 누적되면 포기하고 싶은 마음이 생기고 나약해질 수 있다. 그리고 같은 실수를 반복하고 새로운 고통과 실패에 직면하는 것을 두려워하게 된다.

● 이혼, 상실감에서 트라우마까지

"질병이나 재정적 문제, 직업적 실패 같은 일반적인 실패 중 그 어느 것도 이혼만큼 잔인하게 무의식 속에서 우리를 뒤흔들진 않는다. 이혼은 불안의 근원에 직접적으로 영향을 미치고 그 근원에 다시 불을 붙인다. 이혼은 삶이 우리에게 가할 수 있는 가장 깊은 상처다." 독일의 극작가 보토 슈트라우스의 말이다. 다음 이야기는 이혼이라는 시련이 자기 확신에 얼마나 큰 영향을 미칠 수 있는지를 보여준다.

알리스는 매우 아름다운 50대 여성이다. 푸른 눈동자에 활기차고 솔직하며 웃음이 가득한 그녀는 스스로 확신에 차 있으면서도 공감 능력이 뛰어나 보인다. 그런데 과연 그녀는 겉으로 보이는 것만큼 스스로에게 확신이 있을까?

"네, 지금은 그래요. 하지만 항상 그랬던 건 아니에요. 이혼 전에는 비교적 당당했어요. 전 결혼을 했었고, 아들이 둘 있었어요. 유일한 단점은 일이었어요. 남편 직업상 일이 너무 많아서 저는 광고 일을 그만두고 프리랜서로 일해야 했어요. 당시에는 일시적이라고 생각했어요. 엄마이자 주부라는 것만으로는 충분하지 않았어요. 점점 자신감을 잃기 시작했고 이혼은 그 생각의 정점에서 내린 결정이었죠. 영원한 이별이라는 생각이 저를 덮쳤고 저는 완전히 무너졌어요. 저를 지탱해 줄 토대가 없다고 느꼈어요. 지적으로도 자신감이 있었지만, 나머지는 대부분 실패와 수치심뿐이었어요. 물론 나중에 친구들 중에도 이혼한 사람이 생겼지만 그래도 제가 가장 먼저, 가장 어린 나이에 이혼을 경험했다는 사실이 견딜 수 없었어요."

알리스는 혼자라는 느낌, 남들과 다르다는 느낌이 어떻게 수치심을 불러일으키고 자신감을 떨어뜨리는지 매우 명확하게 이야기했다.

"1년 동안 저는 우울증에 가까운 상태였어요. 친구들보다 못한 사람이라는 생각이 들었어요. 신체 일부가 절단되고 위축된 것 같았고, 혼자라는 게 수치스러웠어요. 서른다섯밖에 안 되었는데 혼자이기에는 너무 젊다고 느껴졌어요. 사람들이 제게 '무슨 일을 하세요?'라고 물으면 뭐라고 대답해야 할지 모르겠더라고요. 이혼녀, 아이 둘, 무직, 장래성 없음 같이 고통스럽고 전염성이 강한 정보를 알려주는 것 같았거든요. 배척당하는 느낌이 들었어요."

자기 신뢰를 되찾는 과정은 마치 애도의 기간과도 비슷하다. 알리스가 명확하게 이야기한 것처럼 이혼은 분명한 관계의 상실이기 때문이다.

"이혼으로 인해 엄청난 고통을 겪었어요. 인간이 겪는 고통의 근원에 관심이 많아졌고 심리학을 다시 공부해 이해해 보기로 결심했어요. 심리학 공부는 제게 많은 도움이 되었어요. 상처를 치유해야 했는데 심리학 공부를 통해 자신감이 생기고 구원받았어요. 이후에 저는 직업을 구했고 할 일도 생겼고 아침에 일어날 이유도 생겼어요. 직업이 있다는 것은 사회적으로 존재할 수 있다는 뜻이었어요. 저는 마침내 실패와 수치심을 떨쳐버릴 수 있었어요.

그제야 이혼의 복잡함과 트라우마를 이해할 수 있게 됐어요. 우리는 이 점에 대해 충분히 이야기하지 않아요. 이혼은 자신감과 자존감에 큰 타격을 주는 트라우마입니다. 거부당하고 원치 않는 존재로 느껴지거든요. 이혼은 관계의 상실이자 꿈꿔왔던 삶의 상실입니다. 자신감을 회복하려면 자신이 성취한 모든 것, 거기까지 가기 위해 해온 모든 일을 돌아봐야 해요. 인생은 작은 사건들로 이루어져 있으니 행동해야 합니다.

다른 사람의 눈에 더 이상 중요한 존재가 아니라는 사실은 심리적 죽음처럼 느껴질 수 있다. 알리스는 자신감이 넘쳤음에도 불구하고 이혼으로 안도감을 느끼기보다는, 여러모로 죽음과 닮은 이별의 돌이킬 수 없는 본질에 대처하는 데 어려움을 겪었다.

지배적인 집단에 속하지 않는다는 느낌과 자신감은 양립할 수 없다. 알리스는 이혼하기에는 너무 젊고, 상대방에게 두려움을 주지 않기에는 충분히 성숙하지 못했고, 다른 사람들과 어울리지 못해 고립감을 느꼈고, 어떤 일에 성공할 수 있다는 희망을 잃은 상태였다. 그녀는 자신이 그토록 사랑했던 대상이 '전부'가 아니라는 사실을 받아들임으로써 타인과 삶과 자신을 겨우 다시 신뢰할 수 있게 됐다.

● 사별, 파괴적 경험

사랑하는 사람을 잃게 되면, 특히나 그 사람이 너무 갑작스럽게 떠나면 삶이 심각하게 흔들릴 수 있다. 사별은 파괴적인 경험이다. 페이스북 CEO였던 셰릴 샌드버그는 사랑하는 남편을 비롯해 두 아이와 함께 꿈같은 삶을 살았다. 하지만 그런 그녀도 남편이 47세의 나이로 갑작스럽게 세상을 떠나자 슬픔에 휩싸여 자신감을 잃었다.

샌드버그는 "전 무너졌습니다. 좋은 사람이 되는 것은 물론 일도 할 수 없을 것 같았죠. 예전에 동네에서 몇 년 동안 지은 집이 단 몇 분 만에 무너진 적이 있는데, 그 일이 떠올랐어요. 쾅, 하고 무너져 내렸죠"라고 말한다. 남편이 사망한 지 한 달 후, 그녀는 자신의 슬픔과 대처 방법, 주변 사람들의 반응에 대해 페이스북에 장문의 글을 올렸고, 이 게시물은 약 27만 5,000개의 공유를 기록하며 사람들의 마음을 울리고 공허함을 채워주었다.

샌드버그는 이후 아담 그랜트와 함께《옵션 B》라는 책을 통해 자신의 사별 경험과 회복탄력성에 대한 접근 방식을 공유했다. 슬픔에 관한 개론이자 삶에 대한 찬가를 보내는 책이었다. 샌드버그의 경우, 삶과 자신감을 회복하는 데 도움이 된 것은 연대의 경험과 글쓰기 작업이었다.

● 질병, 가혹한 몸의 배신

질병 또한 삶과 자신감을 무너뜨릴 수 있다. 신체의 변화와 신체에 대한 통제력 상실은 모두 자존감에 타격을 준다. 하지만 질병과의 관계를 통해, 그리고 질병을 이겨냄으로써 자신감을 회복하고 강하게 만들 수 있다. 강철 같은 정신력을 가진 42세 앙리에트의 이야기를 함께 살펴보자.

"부모님 두 분 다 성격이 강하세요. 아버지가 속한 문화권에서는 남자아이는 외출할 수 있지만 여자아이는 외출이 금지되어 있어요. 그래서 오빠는 온갖 자유를 누렸지만 제게는 모든 것이 금지됐죠. 어머니는 저를 과잉보호했지만 애정이 넘치지는 않으셨어요. 자식을 칭찬하는 게 좋지 않다고 생각하셨죠. 한번도 '예쁘다', '똑똑하다'라고 말씀하신 적이 없어요. 설사 사실이 아니더라도 저는 그 말이 듣고 싶었어요. 하지만 저는 겸손하고 얌전하고 무엇보다도 자신을 내세우지 않아야 했어요. 그래서 항상 나 자신을 드러내지 않았는데 그 때문에 저는 완전히 고립됐어요. 저는 남자아이가 어떤지 잘 몰랐어요. 첫 남자 친구와는 어떻게 해야 할지 몰라 아무 일도 없었고요. 대학에서도 정말 혼자였는데 아마 그래서 계속 1등을 했던 것 같아요. 공부밖에 할 게 없었고 외출도 금지되어 있었으니까요. 성적이 좋아 사람들로부터 축하를 받으니까 자신감이 조금 생겼어요. 공부를 계속할 수 있는 동기와 힘을 얻은 거죠."

어린 시절부터 앙리에트가 느꼈던 소외감은 점차 고립감으로 깊어졌다. 앙리에트는 세상과의 관계, 외부 세계와의 관계로부터 자립하면서 약간의 자신감을 얻게 됐다.

"스물셋에 부모님의 통제에서 벗어나 영어 교사가 됐어요. 그리고 스물여덟 살에 더글러스를 만났고 그 사람과 결혼했어요. 우린 젊고 사랑했지만 우리의 관계는 아주 빨리 망가졌어요. 그는 제 모습을 좋아하지 않았어요. 그 사람에게는 자기 경력이 제 경력보다 중요했고 우리는 결국 파리로 오게 됐죠.
통근 시간이 너무 길어서 지칠 대로 지친 저는 임신이 어려웠어요. 다른 친구들은 모두 아이를 가졌는데 말이죠. 스스로 무능하게 느껴졌어요. 그런 상황을 참아주는 더글러스가 있어서 정말 운이 좋다고 생각했어요. 온갖 치료를 받았지만 성공하지 못했고 저는 파리에서 일자리를 얻었어요.

그리고 드디어 임신을 했어요! 정말 행복했어요. 첫 번째 임신에 이어 곧바로 두 번째 임신을 했고 저희는 정말 기뻤어요. 그때 더글러스는 영국에서 일자리를 제안받았어요. 마음에 들지 않았지만 1년을 오가며 고민한 끝에 더글러스와 함께 살기로 결정했어요. 런던에 도착하자마자 저는 세 번째 임신을 했는데 딸이었어요. 하지만 딸에게 희귀병이 있다는 사실을 알게 됐어요."

안타깝게도 아내 역할은 앙리에트의 확신을 흐리게 만들고 그녀에게 왜곡된 거울을 비췄다. 그녀의 내면이 얼마나 연약한지 뚜렷하게 느껴졌다. 끊임없는 비판은 삶을 뒤흔들고 자기 의심을 불러일으켜 자아상을 약화시켰다. 특히 딸이 희귀병을 가지고 태어났다는 점 때문에 앙리에트는 스스로 다른 엄마들과 다르다고 생각하게 되었고, 자신에게 매우 가혹한 평가를 내리며 자신이 부족하다는 생각을 더 강하게 했다.

"영양학을 공부하면서 조금씩 다시 일어설 수 있었어요. 그러나 더글러스는 제 성공을 견디지 못했어요. 우리 사이는 점점 멀어졌고 더글러스는 제게 경멸하는 태도를 보였어요. 그러다 건강검진을 했는데 유방암 진단을 받았어요. 전혀 예상하지 못했던 일이었죠. 충격을 받아 울면서 집으로 돌아왔어요. 하지만 더글러스는 이렇다 할 반응을 보이지 않았고 제가 왜 불안해하는지 이해하지 못했습니다. 쓸데없는 걱정이라고 하더군요.

수술을 받았지만 다행히 유방을 제거하지 않았어요. 방사선 치료를 받는 동안 온몸이 타들어가는 것 같았지만 결국 이겨냈는데, 3개월 후 대장암에 걸렸다는 사실을 알게 됐어요. 저는 또다시 무너졌어요. 더글러스에게 말했을 때 그 사람이 제게 한 말이라고는 '넌 불량품이야! 우리 집에 불량품을 두고 싶지 않아!'였어요. 그리고 저를 내쫓았어요."

신체는 우리의 삶과 자신감에 큰 영향을 미친다. 건강하고 강하다고 느끼면 세상에 도전하고 싶은 마음이 들지만, 몸이 약하고 기력이 떨어지면 뭔가를 하고 싶은 의지가 줄어든다. 특히 유방암을 이야기하는 순간, 이는 여성성에 대한 이야기가 된다. 더 이상 스스로 여성이라고 느끼지 못하는 것은 불안감을 초래하고 우울증으로 이어질 수 있다. 앙리에트는 폭풍의 중심에서 싸웠다.

저는 약한 모습을 보이지 않으려고 제가 아프다는 말을 사람들에게 하지 않았어요. 제가 아프다고 하면 대부분 무슨 말을 해야 할지 모르더라고요. 최대한 평범하게 살려고 노력했어요. 그러지 않았다면 스스로 너무 다르다고 느꼈을 거예요. 나중에 거기에서 힘을 얻었어요. 나의 가치를 되찾고 삶을 회복할 수 있었던 건 병 덕분이에요. 왜냐하면 저는 그걸 극복했고 살아남았어요. 암만 극복한 게 아니라 더글러스가 한 끔찍한 말들도 극복했어요.

이제 저는 완치되었고, 직업적으로도 성취감을 느끼고 있어요. 그리고 재발에 대한 두려움을 조절하는 법도 배웠어요. 두려움은 제게 도움이 되지 않으니까요. 이제 저는 거의 무적이라고 느낍니다. 시련을 통해 나 자신을 더 잘 알게 되었고, 나 자신을 발견하고, 내가 가진 힘을 발견하고, 다른 사람들에게 전달할 수 있게 됐습니다.

인생의 어떤 사건은 자신감을 빼앗기도, 되돌려주기도 한다. 앙리에트는 두 번의 암과 이별을 겪으면서도 모든 역경을 딛고 다시 일어났고 모든 예상을 깨고 확고한 자신감을 가지게 됐다.

완벽하지 않은 엄마라는 착각

여성을 작아지게 만드는 요인 중 하나는 죄책감이다. 여성은 특정 상황에서 종종 죄책감에 사로잡히곤 하는데, 특히 엄마라면 더욱 그렇다.

● **죄책감의 독**

 죄책감이라는 건강하지 않은 감정을 다루는 데 가장 좋은 조언은 무엇일까? 프랑스산업협회(Medef)의 아르멜 카르미나티 Armelle Carminati는 여성 리더들에게 다음과 같이 조언한다. "여러분, 완벽한 엄마가 되려고 하지 마세요. '애들이 밥은 제대로 먹었을까? 애들이 저녁 8시 30분에는 잠자리에 들까? 내가 늦게 들어가면 애들이 싫은 표정을 짓지 않을까?'라고 생각하며 사무실에 들어가는 남자는 없습니다."

 하지만 일을 하면서 자기에 대한 의심도 없고 자신감에 가득 찬 여성들조차도 이런 죄책감에서 자유롭기란 어려운 일이다. 27세의 샹티는 행복한 사람이다. 남편은 열심히 일하고 두 아이는 사랑스럽다. 하지만 아침마다 친정엄마에게 아이들을 맡기고 출근할 때면 삶의 근간이 흔들리는 느낌이 들면서 자신감을 모조리 잃어버린다.

> "주말에는 네 식구가 함께 산책하고 그림을 그리거나 음식을 만들면서 다양한 활동을 합니다. 저는 보모로 일하면서 월요일부터 금요일까지 어린 여자아이 두 명을 돌보는데, 정말 귀여운 아이들이에요. 예전부터 아이들을 좋아했어요. 하지만 월요일 아침마다 저는 나 자신에게 수천 가지 질문을 하고 죄책감을 느낍니다.

내 아이를 다른 사람에게 맡기고 다른 사람의 아이들을 돌보는 것이 과연 옳은 일일까? 나중에 아이들이 나를 원망하고 비난하지는 않을까? 다행히 남편이 저를 안심시켜 줘요. 그래서 주중에는 자신감을 되찾아요. 저는 직업이 무엇이든 모든 엄마라면 죄책감을 느낄 거라고 스스로에게 말하곤 합니다."

● 젊은 엄마의 양면성

우리는 성별이 재정의되는 전환점에 서 있다. 하지만 오늘날에도 일부에서는 여전히 어머니의 역할에 대한 구시대적 시각에 집착하며 어머니가 자녀 양육에 전적으로 책임이 있다는 특정 신념을 고수한다. 이런 편견을 가진 상태에서 어떻게 하면 굳건하게 앞으로 나아갈 수 있을까? 30세의 아나이스는 남편을 믿고 역할 분담을 하지 못하고 있으며 이를 인식하는 데도 어려움을 겪고 있다.

"저는 프리랜서 기자로 운이 좋게도 재택근무를 할 수 있어요. 하지만 약속이 있어서 집을 비울 때마다 두 살배기 딸 사샤는 몇 시간 동안 소리를 지르고 울어요. 사샤는 저와 떨어지는 걸 못 견뎌요. 그런데 아빠가 집을 나설 때는 소란을 피우지 않아요. 더 이상 어떻게 해야 할지 모르겠어요. 이웃들이 불편한 기색을 보이기 시작했고 저는 죄책감으로 가득한 시간을 보내고 있습니다. 그렇지만 딸아이와 제가 친밀하다는 점이 좋기도 해요."

상담을 하면서 아나이스가 딸과 관련된 모든 것을 스스로 완벽히 관리하고 싶어 한다는 사실을 알게 됐다. 그녀는 아이를 목욕시키고 밥을 먹이고 잠자리에서 이야기책을 읽어주고 종종 산책을 시키는 유일한 사람이었다. 그녀는 남편이 개입하려는 모든 시도를 막았고 결국 남편은 포기했다. 그녀는 아버지 역할을 대신하는 것을 허락하지 않았고 딸과의 밀착 관계에서 남편을 배제했다.

이런 상황에서 어떻게 사샤가 사소한 이별을 받아들이기를 기대할 수 있을까? 아나이스는 딸을 아빠나 보모에게 맡기는 것에 대해 죄책감을 느끼지만 자기 행동을 돌아보지 않았다.

● 아빠의 자리

에스터 페렐Esther Perel은 가장 유명한 부부 심리치료사 중 한 명으로 강연자이자 작가로도 활동하고 있다. 특히 《왜 다른 사람과의 섹스를 꿈꾸는가》, 《우리가 사랑할 때 이야기하지 않는 것들》 등의 저서로 유명하다. 20세기가 여성들이 자신의 조건을 성찰하는 시대였다면, 21세기는 남성들이 성찰하고 적응하는 시대가 될 거라고 그녀는 말한다.

그녀는 오늘날 남성은 더 이상 단순히 규율을 상징하거나 가정을 부양하는 역할만 하는 것이 아니라고 생각한다. 그녀는 주간지 〈마담 피가로〉에서 다음과 같이 말한다.

> 남성 또한 감정적인 존재가 될 수 있다. 역할이 재정의되고 있다. 이는 특히 스스로 최고의 부모이자 최고의 전문가라고 생각하고, 공적 권력은 없고 사적 권력만 있다고 믿어온 여성들에게 매우 당혹스러운 일이다.
>
> 오늘날 여성들은 공적 권력을 주장하지만 사적 권력을 포기할 준비가 되어 있지 않다. 여성들은 남편의 힘이 약해지기를 바라지만 그렇다고 또 너무 약해지기는 바라지 않는다. 힘을 잃는 것이 두려워 남편이 눈물을 흘리기 시작하면 그녀 자신도 남편이 무너질까 봐 두려워할 테니 말이다. 그리고 만약 남편이 무너진다면 여성은 남편이 어린애가 되었다고 생각할 것이다.

아빠에게 자리를 내어주는 것은 가족 내 균형을 맞추는 것을 의미한다. 아빠가 아이를 돌보는 동안 불안해하지 말고 자신을 위해 그 시간을 활용해야 한다.

우리가 스스로에 대해, 마음속 깊은 곳에서부터 원하는 것에 대해, 실패를 극복하려는 의지에 대해 성찰하기 시작한다면 우리를 약하게 만드는 역할 문제 등을 해결할 수 있을 것이다. 이런 의미에서 자기 이해는 역동적인 과정이며 미지의 세계를 밝히고 우리의 잠재력을 드러내는 과정이다. 고정된 것은 없다. 이 점을 인식한다면 우리에겐 희망이 있다.

5

타인의 시선과 자기 존중

> 서두를 필요 없다. 빛날 필요 없다.
> 자기 자신을 제외하고는 다른 사람이 될 필요 없다.
> **—버지니아 울프**

오직 나만이 나를 정의할 수 있다

일부 문화권에서는 타인의 시선이 치명적일 수 있다. 사회 전반에 명예에 대한 문제가 내재해 있는 일본의 경우가 여기에 해당한다. 일본에서는 매년 10만 명이 굴욕적이거나 치욕스러운 불명예(이혼, 파산)를 피하기 위해 자취를 감추거나 사라진다. 레나 모제Léna Mauger와 스테판 르멜Stéphane Remael이 공저한 《인간 증발》은 이 소름 끼치는 현상을 자세하게 설명한다. "주변 사람들은 사회적 도피를 일종의 경로 이탈이라고 여깁니다. 실패란 용납할 수 없는 일이에요. 개인이 사회에서 자기 임무와 역할을 다하지 못했다는 뜻이니까요."

서구 사회에서는 수치심과 불명예라는 개념이 이 정도로 급진적이진 않지만, 그래도 우리를 판단하고 정죄하는 타인의 무거운 시선은 우리를 연약하게 만들고 타인의 시선에 민감하도록 만들어 트라우마의 형태로 나타날 수 있다.

다른 사람의 눈에 비친 우리의 모습은 우리를 성장하게 하는 동시에 망가뜨리기도 한다. 단 한 명의 시선만으로 그렇게 된다. 타인이 우리에게 내리는 평가의 무게는 눈에 보이지 않는 위협처럼 서서히 우리를 짓누른다.

33세 카롤린의 상황은 이 점을 완벽하게 보여준다. 5년 전 카롤린은 대형 화장품 회사에서 팀 매니저로 일하던 중 실직했다.

> "마음속 깊은 곳에서는 다른 직장을 찾는 데 큰 문제가 없을 거라고 알고 있었어요. 학위를 갖춘 데다 경력과 인맥도 있었으니까요. 그래도 실패했다는 느낌과 수치심을 떨쳐버릴 수 없었고 계속 나 자신을 부정적으로 비판했어요. 사실이 아닌데도 실패 자체보다는 실패했다는 게 공개적으로 알려지는 게 더 무섭게 느껴졌어요.
> 저는 제 일에 의해 정의되었고 결국 그 때문에 연애도 영향을 받았어요. 저는 밥티스트와 함께 3년을 살았어요. 그 사람은 유명한 극장의 연출가였는데 갑자기 여자 친구가 실업자라니 체면이 우습게 됐죠. 하루는 친한 친구 집에 저녁

을 먹으러 갔는데, 제가 제 상황에 대해 이야기하자 밥티스트가 당황해하며 화제를 바꾸고 싶어 하더라고요. 그때 깨달았어요. 그 사람이 좋아한 건 나 자신보다 제 이미지였다는 사실을.

다음 날 짐을 싸서 호텔로 갔고 일주일 동안 아무것도 하지 못한 채 울기만 했어요. 밥티스트는 수천 통의 메시지를 보내왔지만 저는 너무 슬프고 화가 나서 한 통의 답장도 보내지 않았어요."

카롤린을 고통스럽게 만든 것은 사건 자체, 즉 해고가 아니라 다른 사람들이 자신을 어떻게 바라볼지에 대한 추측과 예상이었다. 소문이 무성한 타인의 시선은 결코 사소하지 않다.

에미 반 두르젠Emmy Van Deurzen 교수는 이 주제를 다룬 사르트르의 철학에 대해 다음과 같이 설명한다. "나는 주체적 존재인 타자에 대해 객체적 존재인 자신을 발견할 위험이 있다. 내가 객체라면 나는 나를 정의하고 제한할 수 있는 주체인 타자의 자비에 달려 있으며 이런 상황에서 나는 자유가 없다. 나는 자유를 잃어버린 것이다. 따라서 우리는 다른 존재를 객체로 바라보고 그들을 경쟁자로 인식할 수 있다."

수치심이 깊어지면 타인을 실망시키고 싶지 않다는 생각으로 이어지고, 자신을 제한하는 신념을 갖게 되는 경우가 많다. 그 신념은 주로 내 존재가 인정받지 못할지도 모른다는 두려움, 창피를 당할지도 모른다는 두려움, 거절당할지도 모른다는 두려움이다. 실패하고 조롱당할지도 모른다는 생각은 결국 우리를 마비시킨다. 안전지대를 벗어나 과감하게 도전하기란 생각조차 하지 못할 일처럼 보인다. 카롤린에게 수치심은 특정 사건, 특정 사람과 연관되어 있었다.

이처럼 사랑받는다고 느끼지 못하고 거부당할 때 자아상이 왜곡되고 부정적으로 변하지만, 카롤린은 다행히 역경을 헤치고 나올 만큼 충분한 힘을 가지고 있었다. 그녀는 밥티스트를 통해 자신을 정의하지 않아야 했고, 충분히 '나르시시스트'가 될 필요가 있었다.

외모는 능력이 아니다

"외모는 자존감의 첫 번째 요소다"라고 크리스토프 앙드레는 말한다. 자기 신체에 대한 불만족은 많은 심리적 고통과 관련 있다. 이는 특히 여성에게 해당한다. 거울에 비친 자기 신체는 여성들이 존재하기 위해 싸우는 비전이자 자존감의 기준이 된다. 백설공주의 계모가 거울을 향해 묻는 장면을 생각해 보라.

우리는 태어날 때부터 죽을 때까지 신체와 신체적 특징, 체형,

외모 등 자아의 실존적 측면을 반영하는 많은 변화를 겪으며 그 변화 과정에서 가슴 아프고 불안정하며 고통스러운 경험을 하게 된다. 외모를 구성하는 모든 것의 총합(옷차림과 화장, 스타일 등)은 다른 사람과 가장 먼저 접촉하는 지점이므로 첫인상에 큰 영향을 미친다. 가족과 문화적 메시지, 삶의 경험, 우리가 선택한 역할 모델에 영향받아 만들어진 이상적인 자아는 우리가 자신에 대해 드러내고 알리고 강조하고 싶은 것을 형성한다. 어떤 의미에서 우리에게 중요한 가치가 무엇인지 드러낸다.

우리는 실제 모습과 다르더라도 표준에 속한다는 느낌을 주기 위해 조작된 무언가를 드러낸다. 얼마나 많은 여성들이 표준에 속할 때 통제감을 느끼는가? 통제감이 없으면 부정적인 평가를 받을까 봐 두려워하는 것이다. 자신을 있는 그대로 받아들이려면 확고한 자존감이 필요하다.

● 날씬함에 대한 강박적 통제

날씬함은 의심할 여지 없이 신체에 가장 강력하게 부과되는 요구 사항이다. 3월부터 여성 잡지에는 '수영복을 입기 전에 3킬로그램 감량하기' 등의 칼럼과 함께 완벽한 몸매를 자랑하는 물의 요정 같은 모델 사진이 실린다. 그 사진은 꼭 '완벽한 몸매가 아니면 수영하면 안 돼'라는 메시지 같아서 잠재의식 속 죄책감을 유발한다.

'날씬해야 예뻐지고 사랑받을 수 있다'는 말은 여성들에게 심각한 두통을 안겨줄 뿐이다. 하지만 그 말이 초래하는 심리적 결과는 결코 사소하지 않다. 미국 융 심리학자 폴리 영-아이젠드래스Polly Young-Eisendrath는 다음과 같이 말한다. "날씬해야 한다는 믿음은 자신과 자기 능력에 대한 불안감으로 이어진다."

● 젊음과 아름다움에 집착하는 사회

좀 더 전반적이고 문화적인 차원에서 보면 젊음과 아름다움, 성과에 대한 우리 사회의 강박적인 집착은 사회 구조 전반에 널리 퍼져 있는 일련의 지배적 가치를 반영하며 왜곡된 거울 효과를 만든다. 여성의 몸은 여성에게 완벽의 기준을 제시하고 어떻게 보여야 하는지 지시하는 외부 명령으로 가득 차 있다. 이런 침습적인 명령은 여성을 불완전하다는 죄책감 안에 가둔다.

수지 오바크Susie Orbach는 여성과 여성의 신체 관계에 대한 전문가다. 영국에서 정신분석가 겸 심리치료사로 활동하는 그녀는 40년 동안 신체 이미지와 섭식 장애 문제를 연구해 왔는데, 환자 중에는 다이애나비도 있었다. 오바크는 자신의 임상 경험을 바탕으로 앞서 말한 지속적인 외부 명령이 문제를 악화시킨다고 주장한다. "새로운 점은 자신감이 넘치던 사람들도 몸 때문에 무너진다는 거예요. 정신분석학자인 프로이트는 우리가 정신적인 문제를 신체에 투사한다고 말했지만, 저는 현재 우리가 너무 불안정한 신체를 가지고 자라면서 정신 건강에 악영향을 미쳤다고 생각해요."

● 이상을 조작하는 마케팅 전략

여성의 신체가 이상적인 타깃이 되는 이유는 왜일까? 오바크는 이렇게 말한다. "신체가 무한히 변형될 수 있다는 믿음 안에서 우리는 자신감 부족을 조장하는 산업과 관행의 희생양이 되어 왔습니다. 정말 돈이 되거든요. 화장품 제조업체는 이 점을 너무 잘 알고 있는 매우 강력한 산업입니다. 흔히 철강이나 화학이 큰돈을 번다고 생각하죠. 립스틱으로 부자가 될 수 있다고 생각하지 않지만, 실제로 그런 일이 일어나고 있습니다!"

마케팅은 우리의 결점을 분석하고 기적의 치료법을 제안하며 그 결점을 공략한다. 나머지는 포토샵과 페이스튠이 알아서 한다. 그리고 우리가 완벽해졌다는 인상을 받자마자 그 느낌은 우리를 벗어난다. 새로운 기준에 따라 표준이 바뀌고 우리를 새로운 이상으로 끌고 가기 때문이다. 그래서 불안이 지속된다. 우리는 있는 그대로의 우리 몸을 용납할 수 없다고 상상한다.

정신과 의사 장크리스토프 세즈넥Jean-Christophe Seznec은 "마케팅은 이미지나 체중을 조절하면 자신을 더 사랑하게 될 거라고 믿게 하는데, 이는 본질적으로 소비주의에 대한 중독을 조장한다"라고 말한다. 다음 이야기도 들어보자.

> 우리 몸은 감정과 실존적 불안이 맞서 싸우는 전쟁터가 될 수 있다. 우리는 자신을 달래고 채우고 위로하기 위해 음식과 음료나 담배를 잘못 사용하고 있다. 대머리가 될 정도로 머리카락을 뽑고(발모광) 손톱을 물어뜯고 흉터가 생길 정도로 피부를 긁기도 한다(피부뜯기장애). 성형 수술과 다이어트, 스포츠나 문신을 통해 자신의 이미지를 바꾸면 더 행복해질 수 있다고 믿기도 한다. 하지만 결국 이 모든 행동은 우리를 가두고 삶의 범위를 더 좁게 만든다.

● 신체적 완벽주의의 독재

사람들은 계속해서 외모에 집중하면서 결국 자기 몸을 통해 자신을 정의하게 된다. 이는 '나는 뚱뚱해서 비호감이야', '나는 가슴이 작아서 여성스럽지 않아' 같이 단순하고 우울한 등식으로 이어진다. 거기에서부터 '다이어트를 하면, 가슴을 확대하면 얼마든지 통제감을 가질 수 있을 거야', '무엇이든 쉽게 할 수 있고 모든 것을 바꿀 수 있을 거야'라는 생각이 시작된다. '이것만 하면…'이라고.

아주 솔깃한 생각이지만 이런 식의 사고는 우리의 불안감을 신체로 돌려 혼란스럽고 불확실한 실존적 현실을 덮어버리는 결과를 초래할 수 있다. 사회가 요구하고 패션이나 영화에 의해 지배되는 미적 기준에 직면한 여성들은 종종 소외감을 느끼며, 이는 자신감을 약하게 만들고 불만족스러운 감정을 갖게 한다. 자신을 있는 그대로 받아들이지 못하거나 자신의 특정 부위가 마음에 들지 않는다고 생각한다. 때로는 보톡스 주사나 간단한 수술로 자신감을 회복하기도 하지만 완벽주의의 독재를 과소평가해서는 안 된다.

2008년 노르웨이의 연구자들이 실시한 '성형수술이 신체 이미지와 자존감, 심리적 문제에 미치는 영향'이라는 연구에 따르면 성형 수술을 받은 사람들은 자기 신체에 대해 더 나은 이미지를 갖게 되지만, 수술 전에 심리적 문제가 있었던 사람들은 여전히 고통을 겪을 수 있다고 한다. "2018년 〈국제여성피부과학회지〉에 발표된 '신체이형장애와 미용 시술의 연관성에 관한 연구'에 따르면 이런 심리적 문제에는 외모와 관련한 불안과 우울증이 포함된다."

라루스사전에 따르면 신체이형장애는 "자기 신체 전체 또는 일부의 보기 흉한 면을 과도하게 걱정하는 것이 특징이며, 그와 같은 두려움은 객관적인 근거가 있느냐와 관계없이 나타난다"라고 정의되어 있다. 심리학에서는 이런 걱정을 상상 속 결함이나 절대적으로 과도한 결함으로 간주한다. 대상자는 자신을 '왜곡된' 존재로 여기고 이로 인해 고통을 겪는다.

성형 수술이 우리의 실존적 문제를 모두 해결할 수 없다는 것은 분명하다. 하지만 사람들은 미에 대한 사회적 기준에 너무 자주 휘둘린 나머지 신체와 관련된 다른 가치, 특히 건강이라는 가치를 잊어버리곤 한다. 외모에 지나치게 집착하지 않기로 결심한다면 운동 등의 다른 방법을 통해 자기 몸과 다시 연결될 만한 다른 방법들을 고려해 볼 수 있다.

오바크는 이렇게 말한다. "우리는 몸을 잘 이용할 수 있는 방식으로 몸에 대해 다시 생각해야 한다. 우리가 해야 할 일은 우리의 몸을 이상적이고 영구적인 욕망의 대상으로 만드는 것이 아니라 우리가 실제로 살아가는 공간으로 다시 만드는 것이다. … 우리는 행복과 모험의 순간을 즐길 수 있을 만큼 안정적인 몸이 필요하다."

● **소셜 네트워크의 폭력**

종이나 픽셀로 된 포스터에 그려진 완벽한 몸매는 우리의 시야를 침범하고 여성의 신체 사이즈를 지배하며 많은 피해를 야기한다. 미적 기준은 시대의 아이콘에 따라 변화했고 여성의 몸은 그 미적 기준에 맞춰 축소되었지만 시간이 지나도 큰 가슴과 가는 허리, 긴 다리 등의 몇 가지 미적 기준이 되는 요소는 변하지 않았다.

우리가 보는 화면은 완벽한 외모로 가득 차 있다. 실생활에서의 우리 신체와 소셜 네트워크를 위해 만들어낸 신체는 차이가 있다. 여성들은 인스타그램 같은 정글에서 어떻게 살아남을 수 있을까?

그들은 끊임없이 카메라로 자기 사진을 찍고 거짓 비주얼에 자신을 가두며 빗질하고 화장하고 근육을 키워 이상적인 모습을 게시하는 새로운 인플루언서들과 자신을 동일시하려 노력한다. 하지만 그런 모델들처럼 보일 수가 없는데 어린 소녀들이 어떻게 마음의 여유를 가지고 객관적으로 상황을 판단하며 자신감을 키울 수 있겠는가.

타인의 시선이 구원일 때도 있다

타인의 시선은 종종 우리의 행동과 욕구에 큰 영향을 미친다. 우리 몸도 예외가 아니어서 타인의 시선은 우리 존재의 상호 관계적 측면을 강조하고 불안감을 일으킨다. 실제로 우리는 상대방이 나를 어떻게 생각하는지 알 수 없기 때문에 끊임없이 안심할 거리가 필요하다. 저 사람은 나를 사랑할까? 나는 어떤 가치가 있을까? 등의 불확실성은 견디기 힘들다. 다행인 사실은 모든 시선이 비판적이거나 악의적이진 않다는 점이다. 어떤 시선은 당신을 구할 수 있다.

23세의 마리안느에게는 두 명의 언니가 있다. 부모님은 두 분 다 회사를 경영하느라 아주 바빴다. 언니들은 둘 다 남자 친구가 있고 좋은 성적 덕분에 원하는 학교에 진학했다. 하지만 마리안느는 그렇지 않았다.

"주변 사람들은 모두 자기 길을 찾은 것처럼 보였어요. 언니들은 저보다 키가 크고 날씬할 뿐 아니라 똑똑해요. 한 명은 에섹 경영대학원에, 다른 한 명은 파리정치대학에 다니거든요.
저는 보통 성적으로 고등학교 졸업시험을 통과했는데 스스로 부족하다고 생각하고 방황했어요. 부모님은 오랫동안 성공에 대한 압박을 많이 주었지만, 미래에 대한 확신이 없는 저를 보고 어떤 공부를 하든 제 선택을 인정하겠다고 말씀하셨어요. 저는 환경 문제와 심리학에 관심이 있었지만 전공으로 선택할지는 조금 모호했고 어떤 일을 하고 싶은지, 어떻게 생계를 유지할지 모르겠더라고요. 계속 마음이 바뀌고 자신감도 없었어요.
고등학교 시절부터 블로그를 시작한 친구가 세 명 있는데 소셜 네트워킹 덕분에 크게 성공했어요. 은근히 부러웠지만 저는 그런 식으로 나 자신을 드러낼 수 없을 거라는 걸 알고 있어요. 한마디로 저는 고등학교 시절에 유일하게 남자 친구를 사귄 적이 없는, '어쩔 수 없는 선택지' 같은 사람이었어요.

제가 고등학교를 졸업한 지 두 달쯤 지났을 때 스물두 살인 언니의 학교 친구 에밀이 급하게 전화를 걸어왔어요. 에밀은 에섹 경영대학원과 공학계열 그랑제콜 학생들과 함께 잠비아로 가서 아이들을 가르치기로 했는데, 학생 중 한 명이 아파서 합류할 수 없게 되었다며 저보고 대신 갈 수 있겠냐고 물었어요. 전 큰 고민 없이 그러겠다고 했어요. 급하게 예방접종을 받고 겨우 가방만 챙겨 제가 살던 마을과 제 안전지대에서 벗어나 아주 멀리 떨어져 있는 어떤 마을에 도착했어요.

에밀은 저를 믿었어요. 우리는 오랜 시간 대화를 나눈 적이 거의 없었지만 에밀은 제가 신뢰할 만한 사람이라고 느꼈나봐요. 그게 모든 것을 바꿔놓았죠. 그녀는 저보다 제 가치를 더 잘 알고 있는 것 같았어요. 나 자신을 의심하는 마음이 사라지게 했어요. 그녀와 함께하면서 저는 자신감이 생겼고 그 덕분에 날개와 안정감도 생겼어요. 걱정 없이 상황에 적응했고 그 경험을 통해 제 미래에 대해 확실한 비전을 갖게 되었어요.

이후 환경관리 석사 학위를 받았고 이제 막 NGO에서 일하기 시작했습니다. 에밀의 시선이 없었다면 저는 여전히 제 능력과 미래를 의심하고 있었을 거예요."

더 너그러워져야 한다

다른 사람이 나를 바라보는 시선은 통제할 수 없다. 하지만 내가 나 자신을 바라보는 시선은 바꿀 수 있다. 조금 더 관대하고 조금 덜 비판적이고 조금 더 대담해져 보자.

7년 전에 재혼한 65세의 아나벨은 자신감이 있고 없고는 자신을 어떻게 바라보느냐에 따라 달라진다고 확신한다.

"저는 쉰다섯 살에 사별했어요. 스스로 늙고 못생겼고 이제 끝났다고 생각했어요. 그런데 친구가 저를 이끌고 요가 수업과 저녁 행사에 데려갔어요. 조금씩 삶에 대한 열정을 되찾았어요. 이듬해 여름 우리는 휴양지로 휴가를 떠났어요. 친구와 친구 남편 외에는 아는 사람이 없었어요. 다른 사람의 시선으로부터 자유롭게 저만의 세계에 빠져 수영부터 서핑까지 모든 활동을 해봤어요. 제 콤플렉스는 키가 너무 크고, 몸무게는 3킬로그램이 더 나가고, 새치가 있다는 거였는데… 그 휴양지 마을에서 가장 잘생긴 남자를 만난 후로 다시는 그런 생각을 하지 않게 되었습니다. 조금 더 일찍 그 사실을 알았더라면 지금처럼 인생을 낭비하지 않았을 텐데. 과자 한 입 한 입을 즐겼을 거고 매일 몸무게를 재지 않고 스스로 아름답다고 느꼈을 텐데… 자신을 있는 그대로 받아들이는 것이야말로 스스로에게 줄 수 있는 가장 아름다운 선물입니다!"

각자 타인의 시선을 받아들이고 자신을 다정하게 바라보는 자기만의 방법이 있다. 소설가이자 패션 평론가, 인플루언서인 소피 퐁타넬은 이런 점에서 롤모델이라 할 수 있다. 그녀는 여성의 자신감에 대한 자신의 견해를 기꺼이 밝혔다.

"십 대 때부터 저는 제가 아름답지 않다고 생각하고 두려워했어요. 적어도 남성을 매료시킬 만큼 아름답지 않다고 생각했죠. 물론 가끔, 특히 어렸을 때는 아주 조금 남자들 마음에 들기도 했어요. 제 눈을 믿을 수 없었죠. 그런데 저는 글쓰기, 창의성, 유머, 지성에 관해서는 꽤 자신감이 있었어요. 아름다움이 부족한 대신에 충분히 발달한 자질들이었죠. 외모에 대한 열등감이 있다는 건 그 뒤에 무언가가 숨겨져 있다는 뜻이라는 걸 금방 깨달았어요. 나 자신을 자랑스러워하기보다는 그렇게 가슴 아픈 이유를 찾는 편이 편했던 것 같아요. 저는 꽤 빨리 있는 그대로의 제 모습을 인정하고 제가 얼마나 운이 좋은 사람인지 인정하면서 콤플렉스에서 벗어날 수 있었어요. 저는 스스로 조롱하고 있었던 거예요. 물론 시간이 지나고 세상에서 가장 예쁜 소녀들도 자신을 의심한다는 걸 알게 되었고, 그들보다 훨씬 뒤처지는 제가 나 자신을 의심하는 건 당연한 일이라는 것도 알게 되었어요. 의심은 독이기도 하지만 우리를 겸손하게 만들기도 해요. 흥미로운 부분이죠.

모든 의견은 상대적이에요. 그러니 특히 자신에 관해서라면 가장 관대한 의견을 선택하는 것이 현명합니다. 물론 그렇다고 해서 자신에게 솔직하지 말라는 말은 아닙니다. 정직함은 엄격함이 아니에요. 자신을 조금 덜 가혹하게 대하세요. 자신감의 근원은 관대함입니다."

6

편견과 상처를 동력으로 삼기

두려움을 직시하며 멈춰 설 때마다 힘과 용기, 자신감을 얻게 되고,
"이 공포를 겪어 봤으니 다음에 일어날 일은 감당할 수 있다"고
스스로에게 말하게 될 것이다.
- 엘리너 루즈벨트

고정관념에 맞서자

내가 완벽하지 않다는 사실을 인식하는 것만으로도 오히려 힘을 얻을 수 있다. 이 사실을 깨닫고 나면 두려움을 예측하고 자신의 강점과 경험을 활용할 수 있다. 직장에서든 인간관계에서든 자신을 뛰어넘고 삶의 돌발적인 상황과 부당함에 맞서는 데 필요한 원동력을 얻을 수 있다.

어떤 사건이나 계기가 동기가 될 수도 있다. 존경하는 사람으로부터 "넌 그 일을 해내지 못할 거야"라는 가혹한 평가를 받을 수 있지만, 그 말을 성공하겠다는 원동력과 도전 의식으로 삼아 '그 사람이 틀렸다는 것을 증명하고 꼭 성공할 거야'라고 마음먹

을 수 있다. 자존심이 상해서든, 상처를 받아서든, 복수를 하고 싶어서든 동기부여가 되어 성공의 열망을 일으키는 원동력이 될 수 있다. 우리는 가장 가까운 사람, 예를 들어 부모로부터 가혹한 평가를 받기도 한다. 부모가 완벽하고 사랑이 넘치고 격려하는 성격이라고 해도 사회에서 반대되는 경험을 할 때도 있다.

개인주의 사회에서 자신감은 매우 중요한 요소라고 하지만 자기 확신이 강한 사람은 금세 거만하다는 평가를 받는다는 점을 기억할 필요가 있다. '완벽한 여성은 권위적이다', '남성은 리더십을 증명해야 한다'와 같은 성별 규범과 고정관념이 여전히 강하게 존재한다. 여성을 '양육에 힘쓰고 사랑이 넘치고 조용한' 역할에 국한하는 틀에서 벗어나려면 시간이 더 필요하다. 고정관념을 인식하는 것은 고정관념에 맞서 싸우고 자신감을 회복하는 첫걸음이다. 이 싸움은 사회적 인식을 변화시키기 위해 집단적 차원에서 이루어질 수 있다.

몸이 건강하면 마음도 건강하다

스포츠는 한 사람을 형성하는 데 중요한 역할을 한다. 스포츠 활동을 통해 얻을 수 있는 세 가지 주요 이점은 건강 유지, 자신감 증진, 팀워크 향상이다.

스포츠는 경쟁(일종의 틀이 정해진 전투)과 팀워크를 경험할 수 있는 최초의 사회적 관계다. 스포츠는 앞으로 인생에서 자신의 야망을 달성할 수 있는 수단을 제공하고 자신에 대한 비판적인 시선을 줄일 수 있게 도와주는 상호작용이다. 여자아이의 경우, 스포츠를 통해 수비수보다는 공격수가 되고, 자신의 안전지대에서 벗어나 훈련을 통해 노력의 결실을 눈으로 확인하고, 축구나 복싱처럼 종종 더 '남성적'이라고 분류되는 다른 스포츠에 도전해 볼 수 있다.

영역을 넓혀간다는 것은 용기를 낸다는 뜻이다. 고정관념을 타파하려는 다양한 인식 개선 캠페인 덕분에 한계선이 움직이기 시작했다. 실수할까 봐, 완벽하지 못할까 봐 갖게 되는 두려움은 아이들의 머릿속에서 옐로카드를 받는 것과 같다. 스포츠, 특히 팀 스포츠에 참여한다는 것은 실수를 함께 분석하고 해결책을 고민하면서 미래의 목표를 위해 행동하고 넘어질 위험을 감수하고 다시 일어서는 방법을 배우는 것을 의미한다. 즉, 스포츠는 자신감을 키우는 데 이상적인 프로그램이다.

또한 스포츠는 자기 몸과 신체 이미지와 좀 더 건강한 관계를 맺을 수 있게 도와준다. 이는 소셜 네트워크와 같은 사회적 압력에 맞서는 균형추 역할을 한다. 이 분야에 매우 적극적으로 나서고 있는 도브는 '도브 자존감 프로젝트'라는 이니셔티브를 시작했는데 그중 하나가 스포츠와 관련 있다. "'바디 컨피던스 캠

페인Body Confidence Campaign' 경과 보고서에 따르면 스포츠 활동에 참여하는 사람들은 그렇지 않은 사람들보다 좀 더 긍정적인 신체 이미지를 가지고 있다고 한다. 자기 신체를 긍정적으로 느낀다면 스포츠를 편안하게 할 수 있다는 뜻이고, 이는 신체적 건강과 정신적 건강을 모두 증진시킨다."

상처가 이로울 때도 있다

자기애에 입은 상처는 큰 성취를 이룰 수 있는 원천이 되기도 한다. 물론 상처가 커서 우리의 자신감이 시험대에 오를 때도 있다. 갈등과 마찬가지로 시련은 피할 수 없다. 인생은 우리 앞에 어려움을 마련해 놓고 우리에게 성장할 기회를 제공하는 관대함을 발휘하기도 한다. 어린 시절이든 나중이든 시련을 겪으면 우리에게 나쁜 영향을 끼친 인생에 되갚아주고 싶다는 마음이 강하게 들 수 있다. 이 마음은 복수심과는 달리 스스로에게 뭔가를 증명하고 짓밟히지 않고 계속 앞으로 나아가고 싶다는 욕망으로, 긍정적이고 강력한 힘을 지닌다.

아리엘의 사례를 보자. 그녀는 부드러운 목소리와 온화한 분위기를 가진 젊은 여성으로, 자신이 거둔 성공에 놀라움을 금치 못했다.

"초등학교 때 연극 수업을 듣기 시작했어요. 부모님은 제 선택에 조금 놀라셨어요. 저는 항상 수줍음이 많고 내성적인 아이였거든요. 오빠가 친구들과 온갖 장난을 칠 때 저는 책을 읽었어요. 저는 독서광이었어요. 소설과 연극, 시, 글귀를 보는 게 좋았고 고전 연극의 대사를 낭독하는 게 좋았어요. 저는 일찍부터 무대에 올라 나 자신을 불태우는 게 제 운명이라는 걸 알고 있었지만 자신감이 너무 부족해서 아무에게도 제 마음을 털어놓지 않았어요. 불가능한 꿈이었죠. 중학교 3학년이 되었을 때 존경하던 프랑스어 선생님이 지도하는 연극반에 들어가고 싶었어요. 등록할 때 어머니도 함께 가셨어요. 작은 강당에 사람들이 정말 많이 모여 있었어요. 저는 친구들과 이야기를 나누고 있었는데 어머니가 선생님께 제 꿈이 배우라고 말씀하시는 것을 들었어요. 선생님은 어머니를 향해 살짝 웃으며 약간 비꼬듯이 대답하셨어요. '아리엘은 정말 똑똑하니 문학 공부가 더 적성에 맞을 것 같아요. 그러니 배우가 되고 싶다는 헛된 환상은 품지 말자고요.'

저는 기절하는 줄 알았어요. 다행히 너무 시끄러워서 친구들은 아무 말도 못 들은 것 같았어요. 그때 어머니의 대답이 똑똑하게 들렸어요. '다 아는 것처럼 말하지 말아 주세요. 선생님 말씀이 맞아요. 제 딸아이는 정말 똑똑해요. 딸

아이가 선생님을 놀라게 할 겁니다.' 그 순간 저는 어머니 품에 안기고 싶었어요. 저는 제가 뭘 하고 싶은지 한 번도 말한 적이 없는데 어머니는 역시 제 어머니였어요. 다 알고 계셨고, 무엇보다도 제 편을 들어주셨어요.

거기에서 엄청난 힘을 받았어요. 연극반 선생님은 화가 나신 것 같았어요. 나중에 저를 아주 불공평하게 대했지만 저는 신경 쓰지 않고 착실하게 배우고 발전해 나갔어요. 고등학교를 졸업하고 연극과 무대연출을 배우러 캐나다로 갔어요. 유학 생활은 저를 재발견하고 자신감을 키우는 데 도움이 됐어요. 프랑스에 돌아와서 운이 좋게도 여러 유명 극장에서 공연을 하게 됐어요. 작년에 골도니(이탈리아의 극작가_옮긴이) 공연이 끝난 뒤에 연극반 선생님이 찾아오셨더라고요. 선생님은 축하해 주셨어요. '네가 해낼 줄 알았어!' 저는 진심으로 감사했습니다. 이 자리에 서기까지는 그분 덕도 조금 있으니까요…."

모든 것이 끝나도 용기는 남아 있다

"모든 것이 끝나도 용기는 남아 있다." 다니엘 페나크Daniel Pennac가 한 말이다. 이 말은 우리 안에는 우리가 알지 못하는 자원이 항상 존재한다는 사실을 강조한다. 그중 하나가 용기다. 우리는 용기를 통해 상상하는 것보다 훨씬 더 많은 힘을 얻을 수 있다. 예를 들면 행동할 수 있는 힘 같은 것들 말이다.

● 우리 안에 숨겨진 힘

프랑수아즈 지루Françoise Giroud는 "행동한다는 것은 스스로 보호하는 것이다"라고 말한다. 베티 마흐무디Betty Mahmoody는 이 말을 좌우명으로 삼았다. 미국인인 베티는 1984년 미시간에 사는 이란 남자와 결혼해 한 명의 딸을 두었다. 남편은 이란에 가서 가족을 만나자고 했다. 베티는 뭔가 불길한 느낌이 들었지만 남편을 따라 이란으로 갔다.

> "그 당시에 '지금 실수하는 거야'라고 나 자신에게 말했어요. 당장이라도 비행기에서 뛰어내리고 싶었어요. 화장실에 들어가서 거울을 들여다보니 공황발작을 하기 바로 직전의 여자가 보였어요. 이제 막 서른아홉 살이 되었는데, 그 나이가 되면 여자는 자기 인생을 통제할 수 있어야 하잖아요. 내가 어쩌다가 통제력을 잃었을까 생각했어요."

친절했던 남편은 아야톨라(이란의 종교 지도자-옮긴이)로 변해서 아내에게 다시는 이란을 떠나지 못할 거라고 경고하며 아내를 때리고 감금했다. 지옥 같은 생활이 2년 정도 이어졌다. 베티는 그 관계에서 자신을 잊고 안전과 수동적인 삶을 선택하며 자신감을 모두 잃어버렸다.

하지만 어느 순간 남편과 시댁 식구들의 포로가 된 자신의 처지를 깨닫고 일상의 공포에 짓눌린 속에서도 생각지 못했던 자원을 자기 안에서 발견하고는 그 상황에 맞설 수 있었다. 베티는 아이에 대한 사랑으로 용기와 결단력을 가지고 포기하지 않기로 결심했다. 그녀는 딸을 구하고 탈출하겠다는 삶의 새로운 의미를 품었다.

> 돈을 빼앗길 것이다, 국경으로 끌려가 강간당하거나 죽임을 당하거나 당국에 팔아넘겨질 수 있다, 이런 경고는 더 이상 먹히지 않았어요. 제 선택은 분명해요. 금요일에 미국행 비행기를 타고 편안하게 집으로 돌아갈 수 있어요. 그러면 다시는 딸을 못 보겠죠. 아니면 내일 딸의 손을 잡고 상상할 수 있는 한, 가장 위험한 여행을 시작할 수 있어요. 사실 선택의 여지는 없어요. 이란과 파키스탄 사이의 산에서 죽거나 미국으로 딸을 무사히 데려가겠죠.

베티는《내 딸 없이는 안 돼 Not Without My Daughter》를 통해 자기

가 겪은 감금 생활과 탈출에 관한 이야기를 들려주었다. 베티는 큰 용기가 필요했다. 그녀는 사람들이 기대한 바와 정반대로 행동함으로써 두려움에 맞섰고 자신의 한계라고 생각했던 것을 극복함으로써 자신감을 회복할 수 있었다. 그녀는 마라톤 선수와 같은 인내와 끈기로 무장한 채 자신을 극복하고 초월했다. 한 호흡 한 호흡, 한 걸음 한 걸음, 그녀는 정신적으로 그리고 육체적으로 높은 산을 넘었다.

● 두려움을 걷어내는 자기 확신

자신감이라는 감정은 시련에 어떻게 반응하는지, 변화와 혼란에 어떻게 대응하는지에 따라 영향을 받는다. 중요한 것은 의심과 연약함, 두려움으로 무엇을 하는가다. 살다 보면 베티 마흐무디나 우리 중 많은 이들이 겪은 것처럼 우리가 상상한 삶이나 이루고자 하는 계획과 방식이 뒤집히는 경우가 종종 있다. 이는 인생이 직선처럼 곧고 예측이 가능한 경로를 따르지 않는다는 특성을 상기시켜 준다. 니체는 "나를 죽이지 못하는 고통은 나를 더 강하게 만든다"고 말했는데, 그 말을 믿는다면 과거의 시련에 비춰 현재의 자신감을 분석해 볼 수 있다.

클라리사 핀콜라 에스테스Clarissa Pinkola Estes는 《늑대와 함께 달리는 여인들》에서 우리의 실제 삶은 온갖 어려움이 존재하기 때문에 책에 등장하는 삶보다 훨씬 더 흥미진진하다고 말한다. "동화는 열 페이지면 끝나는데 우리의 삶은 그렇지 않다. 어떤 일을 겪고 모든 것이 무너졌는데 또 다른 사건이 우리를 기다리고 있고 그 뒤에는 또 다른 사건이 벌어진다. 우리에게는 사는 동안 언제든 다시 일어서서 바라는 대로 삶을 만들어 나갈 기회가 주어진다. 한 번 실패했다고 슬퍼하며 시간을 낭비하지 말자. 실패는 성공보다 훨씬 더 좋은 스승이다. 실패로부터 교훈을 얻고 앞으로 나아가자."

정치부 기자이자 소설가인 발레리 트리에르바일레르Valérie Trierweiler도 불안에 맞서 용기를 내고 다시 일어서서 도전해야 한다고 이야기한다.

"저는 안타깝게도 모든 분야에서 나 자신을 많이 의심해요. 제가 공인이 되었을 때 사람들은 제가 나 자신에게 확신이 있을 거라고 생각했지만 사실은 정반대였어요. 30년 동안 이 업계에 종사했지만 기사를 제출할 때마다 사람들이 제 글을 어떻게 받아들일지 생각해요. 매번 시험을 치르는 느낌이에요. 인터뷰할 때는 항상 제대로 된 질문을 하지 못할까 봐 두렵고요.

DESS(대학원 수준의 전문 학위로 보통 교육과정은 1년이었으나 학제 개편으로 Master Professionnel로 대체되었음-옮긴이) 과정을 마쳤을 때 석사 과정을 마쳤다는 사실에 자부심이 있었어요. 그런데 정치부 기자로 일하기 시작하면서 함께 일하는 사람들 대부분이 파리정치대학 출신이고 저보다 아는 것도 많고 자신감이 넘친다는 것을 깨달았어요. 저는 서민층 출신이에요. 그 점에 자부심을 느꼈지만 동시에 '기반'이 부족하다고 느꼈어요.

프랑수아 올랑드와 함께 엘리제궁(프랑스 대통령궁-옮긴이)에 들어갔을 때 저는 그곳이 제 자리가 아니라는 느낌을 크게 받았어요. 20년 동안 정치부 기자로 일했지만 그곳은 제 세상이 아니었거든요. 《지금 이 순간에 감사를 Merci pour ce moment》을 쓰면서 어느 정도 자신감을 되찾았어요. 저는 용기를 내서 진실을 말했고 더 이상 짓밟히지 않게 되었습니다.

● 나만의 고유한 가치

우리 안에 있는 자원은 우리의 중요한 가치이며 우리가 믿는 것, 우리 삶에서 중요한 것이기도 하다. 우리는 모두 의미를 찾는 여정에 있다. 우리는 질서를 추구하고 통제하고자 하는데, 이는 태초부터 우리의 생존에 유용한 행동 경향이었다. 의미란 우리의 가치를 결정하며 '나는 왜 존재하는가? 어떤 목적을 가지고 어떻게 살아야 하는가?' 같은 질문에 답을 준다.

우리 삶에서 중요한 가치는 나침반 역할을 한다. 그렇기에 자유와 대의를 위한 헌신, 예술적 창의성이나 과학적 창의성, 선을 행하는 것 등 우리에게 중요한 가치가 무엇인지 인식하고 정의할 필요가 있다. 이런 가치 속에서 우리는 행동할 용기를 얻는다.

자신의 가치관과 일치된 삶은 내면의 자원을 발견할 수 있다. 베티 마흐무디가 초인적인 용기를 발휘할 수 있었던 것은 딸을 생각하고 엄마로서의 역할을 생각하며 자유에 대한 애착이 있었기 때문이다. 우리는 우리의 가치를 인식하고 그 가치를 기반으로 행동함으로써 자신감을 회복할 수 있다. 이것이 바로 행동 및 인지 치료 운동의 일부인 수용전념치료의 기초다.

수용전념치료는 마음 챙김, 감정 수용, 문제적 사고로부터의 거리두기를 통해 개인이 자기 삶에서 자신에게 중요한 가치에 가까워지도록 지금 여기에서의 참여와 행동을 촉진하는 치료법이다. 문제적 사고로부터 거리를 두고 어렵거나 고통스러운 감정과 감각을 받아들이며 자유롭게 선택한 삶의 가치에 맞는 행동을 채택하는 것이 주요 특징이다.

상처에서 치유로의 여정

나의 가능성에 대한 의심이 동력처럼 작용하면 구원이 되기도 한다. 실비아의 이야기를 함께 살펴보자. 그녀가 겪은 일은 많은 점을 생각하게 한다. 실비아는 다양한 직업을 통해 다양한 활동을 하고 있으며 각 활동이 서로 도움이 된다고 생각한다. TV 프로그램 컨설턴트(오랫동안 M6와 TF1 채널의 정기 프로그램 디렉터로 일했다), 배우(클로드 르루와 스테판 브리제의 영화에 출연했다), 작가, 대중 연설 강사로 활동하고 있다.

"저는 어렸을 때부터 '나 자신에 만족하는' 아이였어요. 적어도 사람들은 그렇게 생각했죠. 저는 재미있고 사람들과 편안하게 잘 지내고 부끄러움도 없었거든요. 부모님은 엄청 똑똑하고 교양 있는 분들이었지만 제 학교 성적은 꽤 형편없었어요. 어머니는 모성애가 아주 강하시고 정말 대단한 분이세요. 1928년 중산층 가정에서 태어나 여섯 살 때 아버지를 잃고 전쟁을 겪었는데도 당시로서는 이례적으로 공부를 많이 하셨어요. 파리정치대학을 졸업하고 법학 학위와 문학 학위를 취득하셨거든요. 아버지는 아주 가난한 지방 출신으로 공부를 많이 하지는 못했지만 TV 드라마를 처음으로 만드신 분이세요. 아버지도 어머니만큼 교양 있는 분이셨죠. 저는 일간지 〈르몽드〉와 〈리베라시옹〉과 주간지 〈르카나르〉을 읽고 브람스와 모차르트를 듣는 부모님 사이에서 자랐어요.

십 대 때는 마이크 브랜트 팬이었어요. 칫솔을 마이크처럼

들고 노래를 부르고 테니스 잡지를 구독하고 노아 포스터를 침실 벽에 붙였어요. 바보처럼 구는 게 즐거웠어요. 아버지는 한 번도 말한 적이 없지만 제 예술적 감성을 꿰뚫어 보셨던 것 같아요. 어머니는 저를 언니, 동생과 계속 비교하셨어요. 언니는 저보다 두 살 많았는데 라틴어와 그리스어를 공부했어요. 여동생은 바이올린을 거장처럼 연주했고요. 어머니는 저를 실패한 아이처럼 보셨어요. 어머니의 태도와 말투를 보면 느낄 수 있었어요. 솔직히 제 학교 성적을 보면 어머니 생각이 틀린 게 아니었어요.

제가 중학교 4학년(프랑스는 초등학교가 5학년, 중학교가 4학년, 고등학교가 3학년 과정이다-옮긴이) 때 어머니는 타자 수업을 들으면 어떻겠냐고 하셨어요. 저는 제 한계를 알고 있었고 그 과목에 흥미가 없었어요. 저는 시나리오 작가나 감독, 배우, 촬영감독이 되는 것에 더 관심이 많았어요. '엄마, 저는 속기사가 되고 싶지 않아요.' '내 말 잘 들어, 넌 이 수업을 꼭 들어야 해. 난 네가 마트에서 판매원으로라도 일할 수 있을지 모르겠다!' 이 말을 듣는 순간, 모든 것이 멈췄어요.

어머니와 사이가 좋지 않더라도, 나 스스로 만족감이 높다고 하더라도, 친구들을 웃기는 것이 좋다고 생각하더라도, 나를 아주 사랑하는 아빠가 있고, 편안하게 살고 있다 하더라도 이 말은 인생을 산산조각 낼 수 있고 치명적인 상처를 입힐 수 있는 가혹한 말이잖아요. 이런 말을 듣는 사람들은 많지만, 누구나 이 말을 기억했다가 그 위에 무언가를 쌓아 올릴 능력이 있는 건 아닙니다.

그 말을 듣고 저는 자신감을 모두 잃고 아주 오랫동안 '나는 바보야!'라고 되뇌었어요. 무려 35년 동안이나요! 당연히 학교 성적은 형편없었고 저는 테니스와 마이크 브란트 외에는 아무것도 관심이 없었어요. 가족의 지적인 세계가 무섭게 느껴졌고 제게 맞는 자리라고는 바보라는 자리뿐이었어요. 속기사나 판매원이 싫다는 게 아니에요. 실제로 판매원 일을 한 적도 있고요. 다만 그게 제 목표가 아니라는 말입니다. 어머니의 입에서 나온 그 단어들은 제가 아무것도 아니라는, 저를 완전히 무시하는 말이었어요. 어떤 사람들은 그 말을 듣고 무너질 거예요. 돌이켜보면 그 말을 듣고 어머니가 틀렸다는 것을 증명하고 싶다는 열망이 강하게 생겼던 것 같아요. 그 말 덕분에 고등학교 졸업시험을 패스했고 제가 좋아하는 심리학을 공부할 수 있었어요. 어머니가 도움이 된 건지도 모르겠습니다. 저는 어머니에게 그 말을 듣고 제 마음이 산산조각 났다는 말을 한 적이 없어요. 어머니도 어떻게 대처해야 할지 몰랐고 제 미래를 진심으로 걱정하셨을 거라는 생각이 들기도 했고, 부모가 실수했다고 탓할 수는 없잖아요. 그래서 저는 어머니를 용서했습니다.

마흔 살쯤 되니 주변 사람들도 자신감이 부족하고 실수할까 봐 두려워한다는 걸 알게 되었어요. 두려움이 심각한 피해를 일으킬 수 있다는 점도 깨달았어요. 제가 하는 모든 일들이 고통스러웠고 다른 사람의 시선이 가혹하다는 점도 깨달았어요. 저녁 식사 자리에서는 자신감이 없었고 석사학위를 가진 사람을 만나면 바보가 된 기분이 들었어요. 특정 주제에 대한 이야기가 나오면 제 수준이 못 미칠까 봐, 특정 작가에 대해 이야기할 게 없을까 봐 무서웠어요. 책을 읽지 않았으니까요.

저는 제가 자신감이 부족하고 고통스럽다는 사실을 아주 잘 숨겼어요. 얼버무리거나 그 자리를 피해버렸죠. 끔찍하게 무서웠지만 그 순간에는 잘 숨겼고 나중에는 식은땀을 흘렸어요. 그래도 저는 감추는 데 아주 능숙했고 열심히 싸웠기 때문에 공부나 직업 면에서 제가 하는 일들을 성공시킬 수 있었어요. 어떤 일들은 제가 앞으로 나아가는 데 도움이 되었어요.

어느 날 정신과 의사가 제 딸이 자신감이 전혀 없다고 말했어요. 참을 수가 없었어요. 딸에게 자신감을 심어주기 위해 제가 할 수 있는 모든 것을 다했다고 생각했었거든요. '어머니부터 자신감을 가져보세요'라는 의사의 말에 큰 충격을 받았어요. 이제 저는 엄마니까 저는 나 자신을 위해서만 싸우는 게 아니라 아이들을 위해서도 싸워야겠다는 생각이 들었어요.

M6 방송국에서 프로젝트 매니저로 일하며 지루함을 느끼고 있을 때, 같이 일하는 친구가 왜 정기 프로그램 디렉터에 지원하지 않느냐고 물었습니다. 저는 코웃음을 쳤어요. '네네, M6의 2번 사무실로 쳐들어가서 그 자리를 내놓으라고 하면 되겠네. 너무 쉽다!' '그럼 계속 그렇게 지루하게 살아. 불평 따윈 하지 말고!' 석 달 뒤에 친구가 한 말이 생각났어요. 그래서 친구에게 그 말이 진심이었는지 물어봤어요. '당연하지. 네 경력이나 심리학에 대한 지식, 수행한 프로젝트, 사람들과의 관계, 주변 세계에 대한 이해, 친밀함까지 넌 프로그램 디렉터가 되기 위한 모든 자질을 완벽하게 갖추고 있잖아.'

자신감이 없는 사람에게는 충격적일 수 있겠지만 그 뒤에 저는 미친 짓을 했어요. 제가 생각해도 미친 짓 같았어요. 디렉터 사무실로 불쑥 들어가 그 앞에 서서는 '지금 프로그램 디렉터가 없지만 그건 곧 바뀔 거예요. 당신이 찾고 있는 사람이 바로 앞에 있는데도 이 사람이 그 사람인지도 못 알아보시네요!'라는 식으로 확신에 차 말했어요. 디렉터는 깜빡 속았고 6개월 뒤 제게 그 자리를 맡겼어요.

저는 그 뒤로 멋진 장수 프로그램을 여러 개 런칭했어요. 인테리어 프로그램을 만들었고, 〈마스터셰프〉 프로그램도 만들었어요. 에이즈 백신 발명처럼 엄청난 일을 한 게 아니라서 그렇게 자랑스러워할 일은 아니지만 그래도 전 스스로 만족스러웠어요. 하지만 축하가 쏟아지는데 칭찬을 잘 받아들이기가 어려웠어요. 항상 제 성공을 팀과 진행자 등 다른 사람들의 공으로 돌렸죠.

쉰 살이 되었을 때 아버지가 돌아가셨어요. 나이가 많으셨어도 멋진 삶을 사셨죠. 저는 어머니와 사이가 좋지 않았기 때문에 아버지는 제 인생에서 큰 의미였어요. 아버지가 돌아가신 날 갑자기 깨달았어요. 나를 평가하는 아버지는 더 이상 없구나. 그래서 과감히 도전에 뛰어들었죠. 직장을 곧바로 그만두지 않았어요. 계약기간과 약속한 바를 지키고 싶었거든요. 그런데 1년 3개월 후에 직장을 떠났어요. 공연도 하고 싶고 글도 쓰고 싶었거든요. 그래서 연극을 쓰고 무대에 올라 공연을 했는데, 어느 날부터 자신감이 생기더라고요.

저는 아버지와 어머니로부터 동시에 자유로워진 것 같았어요. 나중에 어머니는 제가 쓴 유머러스한 책 시리즈를 읽고 교정도 해주시고 좋아하고 축하도 해주셨는데, 놀라운 일이었죠. 어머니가 제게 대단하다고 하다니, 믿기 어려웠지만 어머니는 제 친구들에게 제가 훌륭하다고, 제가 이룬 모든 것을 높이 평가한다고 말씀하셨어요.

무대에 올라 나 자신을 적나라하게 드러내면 자신감이 생겨요. 관객들의 웃음을 들으면서 큰 위안을 받아요. 처음으로 제가 공연장 전체를 웃길 수 있구나 깨달았어요. 그 후에는 '교양이 넘치지 않아도 괜찮구나, 이걸 할 수 있구나'라고 스스로에게 말하게 되었어요. 부모님의 시선으로부터 자유로워졌지만, 마음속에서는 여전히 교양이 부족하다는 평가를 받을까 봐 걱정하고 있었던 거예요. 하지만 연기를 하면 모든 걸 잊고 정말 나 자신이 되어 모든 것을 보여줄 수 있고 어머니의 기대와 다르더라도 신경 쓰지 않을 수 있어요. 사람들을 웃게 만드는 것이 가장 큰 선물입니다. 사람들을 울게 만드는 것도요.

성공에는 단 한 가지 정의만 있는 게 아니라고 생각해요. 양치기나 목수, 속기사, 심지어 마트 계산원으로도 성공할 수 있지만 가장 중요한 것은 무언가를 하고 그 일을 하면서 행복해하는 것입니다. 그리고 성공은 돈을 얼마나 버느냐로 측정할 수 없다고 생각해요. 저는 지금까지 많은 직업을 거치면서 많은 것을 성취했지만, 진정한 성공은 백신을 찾아 세상을 바꾸는 일이라고 생각해요. 저는 예술가도 좋아하지만 생명을 구하는 일을 하는 연구자들을 보면 대단하다는 생각이 들어요.

여성은 항상 스스로에게 더 많은 질문을 하기 때문에 남성보다 자신감이 떨어지는 경우가 많습니다. 여자아이들은 세 살 때부터 스스로에게 실존적인 질문을 던집니다. 모성애가 자신감을 줄 수 있어요. 무조건적인 사랑을 주고 당신이 아름답다고, 훌륭하다고 생각하는 사람이 있다면 그건 바로 아이들입니다. 물론 아이들과 잘 지낸다는 전제하에서요.

하지만 엄마이기 때문에 상상할 수 없을 정도로 경력이 차단되기도 해요. 끔찍한 고백을 하자면, 맞아요. 회사 대표로서 저는 이미 아이들이 다 큰 여성을 고용할 가능성이 더 높아요. 그렇지 않으면 출산 휴가를 내고 소아과 의사와 약속을 잡을 거라는 걸 알고 있으니까요. 끔찍하지만 그게 현실입니다.

저는 미친 듯이 일하는 사람이었어요. 프로그램 여러 개를 통솔하고 책임감도 컸지만 체계적으로 계획을 세워 아이들을 돌보고 직접 재웠어요. 집에 돌아왔을 때 아이들이 자고 있는 게 싫어서 아이들과 시간을 보낸 다음 다시 일하러 갔어요. 오후 9시까지 사무실에 남아 일하지 않았어요. 맡은 업무를 끝내기만 하면 아무도 신경 쓰지 않는 직업이어서 운이 좋았죠. 정말 많은 계획을 세워야 하고 노력해야 했지만 이 방식은 잘 통했어요. 가끔은 휴가를 갈 때 휴대전화와 노트북을 들고 갔어요. 아이들을 어머니에게 맡기고 일하러 해변으로 가기도 했어요. 항상 가능한 일도 아니고 항상 어려운 선택이지만 엄마여도 경력을 가질 수 있다고 확신합니다.

직장에서 여성성은 자산도, 핸디캡이 되어서도 안 됩니다. 서른 살 때는 제가 가진 모든 여성적 무기를 꺼내 들었지만, 마흔 살 이후에는 생각을 다르게 했어요. 여성성을 이용하다가는 오히려 화를 입을 수 있어요.

자신감을 되찾기 위해 현재 관련 워크숍을 진행하고 있어요. 문제를 파악하고 해결한 경험을 통해 이제 다른 사람들을 더 잘 도울 수 있게 됐습니다. 저는 모든 문제의 시작이 된 문구를 찾아내려 노력합니다. 일대일로 하면 파악하기가 쉬워져요. 그룹으로 하면 좀 더 복잡하고요. 참가자들에게 익명으로 '상처가 되었던 말'을 적으라고 해요. 그 말은 부모님에게서만이 아니라 형제자매에게서 나오기도 해요.

예를 들어 여동생을 아주 좋아하지만 '오딜, 넌 바보야!'라며 여동생을 놀리며 즐거워하는 오빠들이 있었어요. 오딜은 오빠의 놀림대로 가족 내에서 바보가 되기 시작했어요. 그래서 저는 썩은 땅에서 회복하는 방법을 가르쳤어요. 사람들이 공감할 수 있도록 제 이야기를 들려줘요. 상처가 되었던 말을 함께 나누면 더 자연스럽게 공감이 이루어집니다. 저는 자신을 의심하지 않는 부류와 완벽하려고 애쓰는 부류, 두 가지 유형이 있다고 생각해요. 자신을 의심하지 않는 부류보다는 완벽하려고 애쓰는 부류가 더 낫다고 생각해요. 자신을 의심하지 않는 사람은 실수를 저질러도 실수로부터 결코 배우지 못하거든요. 하지만 완벽하려고 애쓰는 사람은 실패를 견디기 힘들어하기 때문에 실수를 이해하기 위해 더 열심히 노력해요.

사람들이 다 저처럼 할 수는 없을 거예요. 그래도 상처가 되었던 말이 35년 동안 따라다니며 그들을 정의하도록 내버려두기는 싫어요. 그 말에서 벗어나 그 말로부터 힘과 동력을 끌어내는 일이 꼭 필요해요. 저는 자신감이 부족한 사람들에게 자신이 성취한 것에 점수를 매겨보라고 해요. 실패한 것과 성공한 것을 나눠 적어보라고 하는데, 그러면 항상 실패보다 성공이 더 많다는 것을 알 수 있습니다. 저는 다른 사람의 이력서에서 그들이 보고 싶이 하지 않거나 축소하고 싶어 하는 긍정적인 요소를 찾아내요. 그리고 큰 종이에 자기가 거둔 성공을 적어서 방에 걸어두라고 하죠. 자신의 성공과 강점, 발전 과정을 인정하는 일은 자신감을 키우는 데 큰 도움이 됩니다. 자신을 칭찬하고 스스로에게 좋은 일을 해야 해요.

또한 자신을 '나쁘게 대한' 사람에게 감사 편지를 써보라고 해요(편지를 보내지는 않고요). 그래서 상처가 되었던 문장에서 벗어나 용서하고 그 문장 때문에 자신이 감정과 욕망, 두려움으로 가득 찬 존재가 되었다는 점을 알게 되기를 바라요. 고통은 종종 우리를 더 나은 사람으로 만들어주기 때문입니다.

자신감이 없어도 거기에서 빠져나오는 방법을 안다면 자신감을 회복할 기회를 가질 수 있어요. 그렇게 스스로 치유되는 거죠. '오딜, 넌 바보야!'라며 놀리던 오빠는 질투를 한 거예요. 제 어머니는 제가 내 잠재력을 낭비하고 있다고 생각했고요. 어머니가 제게 했던 말은 당신의 불안감을 투영한 말이었어요.

모든 것을 완벽하게 해내지 않아도 괜찮아요. 부모님이 사랑을 듬뿍 주고 상처 주는 말을 하지 않더라도, 출생 배경 때문에 또는 상황이 어려워서 제대로 해내지 못하는 경우도 생겨요. 그렇기 때문에 우리는 두려움에 대해 생각해야 하고, 앞으로 어떻게 나아가고 자신을 복원하고 사방에 작은 반창고를 붙이고 자신을 사랑할지 생각해야 해요. 누구나 자기 내면에서 성장과 치유에 도움이 되는 무언가를 찾을 수 있습니다."

● 연약함에 대한 찬사

실비아는 스스로 의심하지 않는 부류보다 완벽하게 해낼 확신이 없는 부류를 더 선호한다고 말했다. 자기 능력에 확신이 없는 부류는 자신의 실수를 이해하고 받아들이고 그로부터 무언가를 하려는 동기가 부여되어 스스로 발전하고 자신감을 회복할 기회를 갖게 된다고 설명한다.

사회복지사이자 휴스턴대학교의 인문사회과학 연구원인 브레네 브라운Brene Brown도 같은 의견을 가졌다. 브라운은 자신이 쓴 책에서 연약함에 찬사를 표했다.

연약함을 약점으로 인식하는 것은 가장 널리 퍼져 있으면서도 가장 위험한 신화다. 사람들은 연약함을 거부하기 때문에 연약한 사람이나 지나치게 감정적인 사람으로 인식되지 않도록 자신을 보호하고, 자기 감정을 감추는 데 덜 능숙하거나 감출 생각조차 없어 보이는 이들을 만나면 그들에게 경멸감을 느낀다. 그리고 자기 감정을 억누르고 말 잘 듣는 군인처럼 앞으로 나아간다.

그러다 보니 연약함 뒤에 숨어 있는 용기와 대담함을 존중하고 높이 평가하기보다는, 우리가 느끼는 두려움과 당혹감이 평가와 비판으로 변질되도록 내버려둔다. … 불편함을 느끼게끔 내버려둘 수 있는 용기를 기르고, 주변 사람들이 이런 불편함을 개인적으로 성장하는 과정의 일부로 받아들일 수 있게 알려줘야 한다.

브라운은 연약함을 성별에 따라 분류했다. "저는 연약함과 수치심을 인간의 깊은 감정이라고 생각하지만, 수치심을 유발하는 기대치는 성별에 따라 달라요. 여성의 경우 모든 일을 해야 하고 모두 완벽하게 해내야 하는데 힘들어 보이지 않아야 해요. 아주 파괴적인 설정이죠. 남성의 경우에는 나약해 보이지 않아야 합니다."

지금까지의 사례를 정리하면 자신감 부족에 따른 완벽주의적 성향을 원동력으로 바꾸는 몇 가지 팁을 얻을 수 있다.

첫째는 인생의 어느 단계에서든, 특히 십 대 시절에 스포츠를 즐기는 것이다.

둘째, 시간이 지나면 완벽하지 않아도 괜찮다는 생각이 들고 동시에 자신을 받아들이기가 더 쉬워진다. 그래도 쉰 살이 될 때까지 기다렸다가 전문가에게 도움을 요청해선 안 된다. 고통을 참으면서까지 성장과 발전을 미루지 말라.

셋째, 여러분의 날개를 꺾는, 상처를 주는 말이 무엇인지 스스로에게 물어보라. 그런 말을 들었다면 그 말을 한 사람에게 감사의 편지를 써보라. 편지를 꼭 보낼 필요는 없다. 그냥 쓰는 것만으로도 앞으로 나아가는 데 도움이 될 것이다.

넷째, 힘이 될 만한 짧은 문구가 없거나 잘 생각나지 않는다면 종이에 이제까지 거둔 성공과 자랑스러웠던 순간을 모두 적어보라. 이렇게 하면 자기 확신이 생기고 스스로 더 가치 있다고 여기게 될 것이다.

다섯째, 왜 완벽하려 애쓰는지 조목조목 살펴보고 원인을 파악해 보라. 그리고 자기 확신이 부족하다는 사실을 인정하고 두 팔 벌려 받아들인 뒤 앞으로 나아가는 원동력으로 삼기를.

7

사이 나쁜 여자들

> 한 여성이 자신의 목소리를 낼 때마다,
> 자신이 원하지 않았더라도 자신도 모르는 사이에
> 모든 여성의 목소리가 들리게 된다.
> —마야 안젤루

여성들은 억지로 경쟁한다

동화를 듣고 자란 여자아이들은 저절로 경쟁과 질투를 학습하게 된다. 여성들의 구원은 그들을 구하러 온 남자(보통 매력적인 왕자님이 온다)에게 달려 있다. 백설공주의 계모는 의붓딸을 질투하고 자기애가 강하며, 신데렐라의 이복자매들은 신데렐라를 괴롭힌다. 이런데 어떻게 다른 여자들을 믿을 수 있겠는가?

남성 모임에서 흔히 볼 수 있는 경쟁심과는 매우 다른 형태의 혐오가 있다. 그렇다면 남성의 세계에서 자신의 존재를 뚜렷하게 드러내야 하는데, 게다가 여성 경쟁자도 상대해야 한다면 어떻게 해야 자신감을 키울 수 있을까?

● 여성의 우정에 대한 편견

남자들 간의 우정은 우리 문화 전반에 스며들어 있다. 알렉상드르 뒤마의 《삼총사》의 유명한 모토인 "모두를 위한 하나, 하나를 위한 모두", 존 스타인벡의 《생쥐와 인간》에 등장하는 레니와 조지의 우정, 알랭 푸르니에의 《위대한 몬느》 속 몬느와 보헤미안 사이의 우정 등을 봐도 알 수 있다. 영화 〈내일을 향해 쏴라〉, 〈뱅상 프랑수아 그리고 폴〉 등등 남자들의 우정을 그린 영화는 무수히 많다.

이에 상응하는 여성들의 이야기를 찾으려면 영화 〈델마와 루이스〉나 소설 《폭스파이어》 정도를 들 수 있다. 하지만 가장 눈에 띄는 여성들 간의 우정 이야기는 TV 시리즈 〈섹스 앤 더 시티〉에서 볼 수 있다. 시즌 4의 에피소드 1에서 네 명의 여주인공은 "어쩌면 우리 친구들은 진정한 소울메이트이고 남자는 그저 함께 즐거운 시간을 보내는 사람일지도 모른다"며 서로를 소울메이트라고 선언한다. 이 드라마는 영향력이 막강했는데, 필사적으로 사랑을 찾으면서도 자신감을 잃지 않는 여성들의 욕망과 섹스를 처음으로 이야기한 작품이어서 그렇기도 하고 여성들 간의 우정을 매력적으로 그려냈기 때문이기도 하다.

열정적으로 이상적인가, 맹렬히 낙관적이거나 아니면 의도치 않게 현실적인가? 우정으로 인한 상처는 사랑의 상처만큼이나 우리를 아프게 한다. 모든 소녀가 질투심 많고 심술궂은 것은 아니며 서로를 지지하고 소중히 여기며 사랑하기도 한다. 실제로 미국 드라마 〈걸스〉를 제작한 레나 던햄은 여주인공들 간의 우정이 깨지기 쉽다는 편견을 되풀이해 보여주면서 비판을 받기도 했다.

그녀는 등장인물의 목소리를 통해 여성들 간의 우정이 소모적이고 나르시시즘적이며 지루하다고 설명했다. 〈걸스〉 마지막 시즌은 소녀들 사이의 거짓된 우정에 대한 부정적인 믿음을 확고하게 만들었다. 영국의 한 기자는 드라마를 통해 드러나는 이런 퇴보를 다음과 같이 분석한다.

〈걸스〉는 여자들 간의 우정이 얼마나 중요한지를 보여줄 기회가 되었을 수도 있었다. 우리 삶에서 친구가 얼마나 중요한 역할을 하는지, 우정의 기복이나 고등학교 시절 강렬한 우정에서 20대 후반과 30대의 보다 편안하지만 여전히 애정이 담긴 관계에 이르기까지 세월에 따라 우정이 변화하는 방식을 보여줄 수도 있었다.

하지만 〈걸스〉는 그 대신 이기심과 나르시시즘을 보여주고, 섹스 문제에서는 그 즉시 다른 여성들을 버스 밑으로 던져버리고 싶다는 욕망을 그려내면서 여성의 우정을 최악의 고정관념으로 축소해 버렸다.

● 비교라는 위험한 독

다른 사람과 나를 지나치게 비교하는 것은 의욕을 무너뜨리는 해로운 습관이다. 다른 사람들과의 비교는 가장 파괴적인 내면의 목소리다. 다른 사람과 나를 비교하면서 '내가 더 낫군' 하는 생각이 들 수도 있지만 대체적으로는 자존감이 떨어지고 시기심이 생긴다. 대부분의 비교는 불안한 감정을 불러일으키고 우리와 다른 세상 사이에 경계를 설정한다. 타인과의 비교를 통해 자신의 가치가 더 나은 것처럼 거짓으로 안심시키기도('저 사람보다 훨씬 더 잘할 수 있는데', '저 사람은 옷을 이상하게 입었네' 등) 하지만 대부분은 자신을 비하하게 만든다. 사실 우리는 자신에 대한 부정적인 비판을 다른 사람에게 전가('모두 내가 재미없는 말을 한다고 생각할 거야' 또는 '내가 못생겼다고 생각할 거야')하는 것뿐이다.

단 한 번도 남과 자신을 비교한 적이 없다면 우리에게 돌을 던지라! 모임에 도착했을 때 아주 예쁜 여성을 봤는데 당신의 남자친구도 그녀의 존재를 알아차렸다면 그 즉시 비교의 독이 당신의 뇌 속에 퍼지기 시작할 것이다.

컴퓨터 과학자인 29세의 마린은 결혼 전에는 자기 외모에 대해 크게 생각해 본 적이 없었다. 1미터 75센티미터에 보통 사이즈, 갈색 머리를 묶고 반짝이는 눈을 가진 마린은 패션에 그리 관심이 없어서 대학 시절부터 교복인 양 입었던 청바지와 셔츠를 이후로도 꾸준히 즐겨 입었다. 그녀는 컴퓨터 과학자인 빅토르와 사랑에 빠졌고 결혼했다. 그런데 빅토르의 누이는 끊임없이 마린을 비판했다.

"시누이는 제 외모와 옷차림을 두고 너무 캐주얼하다, 여성스럽지 않다, 화장을 덜 했다, 구두 굽이 낮다, 자기 보기에 너무 통통하다 등 끊임없이 지적했어요. 결국 저는 스스로 뚱뚱하다고 생각하게 됐죠. 운동을 과도하게 하고 다이어트를 했어요. 그녀는 제게 영양과 관련해 조언을 해주고 싶어 했어요. 시누이는 깡마른 데다가 건강식 강박증이 있었어요. 저는 예의상 시누이의 말을 들어주었지만 따로 만나진 않았어요. 남편이 옆에 없을 때면 시누이는 불쾌하게 굴었거든요.

4년 전에 딸아이가 태어났는데 시누이는 제 딸에게도 트집을 잡기 시작했어요. 저는 결국 남편에게 사실을 털어놓았어요. 남편이 나서서 시누이에게 조카를 계속 만나고 싶다면 트집을 그만 잡으라고 경고했어요. 그렇게 되기까지 5년이 걸렸지만 저는 시누이의 비판적인 시선에서 벗어날 수 있었어요. 어쩔 수 없이 시누이와 가까이 지내긴 하지만 그냥 무시해요. 하지만 그녀가 제 딸 가까이 있으면 경계의 끈을 놓지 않아요. 그리고 남편은 항상 제 편입니다."

마린의 시누이는 자신에게 만족하지 못하는 사람이고 그 불만족 때문에 관점이 왜곡되고 다른 여성들을 신랄하게 비판하게 되었을 것이다. 그래서 자신의 불만을 마린에게 투사했다. 자신을 다른 사람과 비교하지 않는 것이 좌절과 잘못된 관계를 피하는 지혜의 열쇠다. 다행히도 우리에게는 인생에서 자신감을 느끼게 해주는 친구들이 있다.

자신감을 앗아가는 경쟁의 이중 잣대

60세의 멋진 은퇴 여성, 안을 만나보자.

"저는 항상 직장에서 여성 직원들과 문제가 있었어요. 스물일곱 살에 파리의 한 광고 대행사에서 프로젝트 매니저로 일하면서 처음으로 끔찍한 경험을 했어요. 고객 관리를 담당하는 상사는 매우 아름답지만 무서운 50대 여성이었어요. 힘 있는 여성은 상대방이 힘없고 연약한 존재라고 생각하면 이를 이용해요. 연대 같은 건 거의 없거나 아예 없어요. 서로 경쟁하는 환경 때문이기도 하지만, 자신감이 낮으면 누가 밟아도 내버려두기 때문이기도 합니다. 제 경우가 그랬어요.

예를 들어 제안서를 제출할 때 충분한 논거나 확신 없이 떨리는 목소리로 말하면 상사에게 그 의구심이 전달돼요. 저와는 다르게 말이 번지르르하고 과대포장을 잘하는 동료가 있었는데 당당한 태도 덕분에 그들이 제출한 안이 통과된 적이 있어요. 상사는 자기 자리를 지키고 싶어 했고, 특히 말주변이 좋아야 하는 커뮤니케이션 분야에서 저처럼 연약한 사람이 있으면 팀이 약해진다고 생각했어요. 나중에 누군가 저를 구하러 오기 전까지 상사가 저를 괴롭혀도 참았어요. 그 뒤로도 그랬고요. 그 경험에서 아무것도 배우지 못한 거죠.

나중에 다른 여성 직원과 일해야 하는 상황이 왔는데, 저는 부딪혀보려는 시도도 하지 않고 일을 그만뒀어요. 그 후에도 저는 항상 같은 패턴을 반복했습니다. 제가 마지막으로 겪은 사람은 힘도 있고 돈도 많은 여성 사업가였어요. 저를 많이 예뻐했지만… 제가 스스로에게 확신이 없다는 게 문제였어요. 그 상황이 7년 동안 지속되자 그녀도 저를 깎아내리기 시작하더군요. 그래서 일을 그만뒀어요. 어쩌면 전에는 일자리를 지키고 제가 맡은 바를 끝내고 싶었기 때문에 제 주장을 강하게 하지 않았던 것 같아요. 저는 항상 일자리를 잃을까 봐 두려움이 컸어요. 부모님으로부터 이어져 온 두려움도 분명히 관련이 있어요."

안의 이런 두려움을 설명하려면 그녀의 성장 배경을 살펴볼 필요가 있다. 조국을 떠나 정체성 상실을 경험한 가족들 사이에서 안의 마음속에는 자신도 모르게 수치심이 자라났다. 이 모든 요인 때문에 안은 자신이 누구인지 스스로 명확한 방향을 찾기가 어려웠다.

"제가 자란 집안 분위기와 사회 환경은 자신감을 키우기 어려운 곳이었어요. 저희는 망명했거든요. 형편이 어려워져 제가 네 살 때 힘들게 조국을 떠났어요. 아버지는 몸이 약해서 자주 아프셨어요. 우리는 보통 문제가 생기면 그 원인을 어머니에게 돌리는 경우가 많은데, 강한 아버지가 있다는 건 중요하다고 생각해요. 어머니는 권위적이고 고압적이어서 모든 걸 두려워하게 만드셨어요. 계속 '네가 그걸 할 수 있겠어?'라고 말씀하셨어요. '넌 할 수 없어'라고 말하는 거나 다름없었죠.
어린 시절 제게 힘을 줄 수 있는 사람은 아무도 없었어요. 아버지도 어머니도 힘을 주지 못했어요. 어머니가 아버지보다 강한 사람이었다는 사실이 나중에 여성들과의 관계에 영향을 미쳤을 거예요. 후회했지만 어떻게 해야 할지 몰랐어요.
저희는 지방에 살았는데 저는 열일곱 살에 고등학교 졸업시험을 패스했어요. 그 나이에 대학에 간다는 것은 미친 짓이었죠(이것도 어머니 잘못이에요). 결국 다시 한번 어머니의 손에 이끌려 공부하게 되었어요. 제 선택은 아니었지만 그래도 재미있었어요. 이런 걸 보면 가정 환경이 중요해요. 부모님은 우리를 이끌어주는 사람이어야 하지만 동시에 제약을 주기도 하죠.

쉰 살에 심리상담을 받기 시작했지만 가족과 거리를 두기에는 너무 늦은 나이라고 생각했어요. 돌이켜보면 안 좋은 경험도 있었지만 대체로 여성들은 여성들끼리 서로 잘 지낸다고 생각해요. 제가 잘못한 경우도 있었고요. 서로 대화하는 방법을 알아야 하지만 여성들과 일하는 건 흥미로워요. 하지만 남성과 일하는 편이 더 쉽죠. 기본적으로 경쟁이 덜하고 그들을 이기려 하지 않기 때문이에요."

안의 어머니는 안이 가진 용기와 대담함을 높이 평가하기보다는 본인의 신념과 두려움을 안에게 물려주었다(당신도 자신감이 부족했던 것일까?). 그 결과 안은 아버지나 어머니로부터 힘을 얻지 못했다. 스스로 부끄럽고 부족하다고 느끼면서 자기가 원하는 바를 주장하거나 앞으로 나아가지 못하고 회피하는 방향으로 변화했다. 그래도 안은 여성에 대해 긍정적인 입장을 보였고 부모의 역할에 대해 어느 정도 평정심을 유지했다.

● **경쟁의 이분법적 구조**

성별학을 가르치고 작가로도 활동하는 수잔 샤피로 바라쉬 Susan Shapiro Barash 교수는 경쟁과 경쟁자를 구분하는 데 관심을 두었다.

> 우리는 경쟁하면서 자기 가치를 인식하고 상대방(남성 또는 여성)의 능력과 강점을 나와 비교하며 나의 상태를 가늠한다. 경쟁은 내가 얼마나 강한지를 확인하기 위해서가 아니라, 사랑에서든 직장에서든 다른 누군가로 대체될 수 있다는 두려움에 바탕을 둔다. 그 부분은 모호하기도 하지만 무의식적이어서 더욱 까다롭다.
> 종종 여성들은 높은 자리에 오르기까지 힘든 일을 너무 많이 겪은 나머지 동료 여성들과 연대하기보다는 남성들하고만 지내기를 바라고 모든 권력을 누리고 본인의 성적 매력을 활용해 자신의 위치를 유지하기를 원한다.

바라쉬 교수는 우리가 가진 나쁜 성향에 대해서도 경고한다. "강한 여성의 몰락을 축하할 때마다 우리는 스스로에게 권력은 나쁜 것이니 욕망해서는 안 된다는 메시지를 전하는 셈이다." 실제로 이런 메시지는 여성들을 위축시키는 이유가 된다. '여왕

벌 신드롬'은 이와 관련이 있다(1970년대에 미시간대학교는 해당 연구로 큰 논란을 일으켰다). 벌집 내에서 여왕벌은 권력을 나누지 않는다. 사실 이 점은 지배하고 싶은 욕망이나 다른 사람들도 나만큼 힘들기를 바라는 마음, 자기 지위를 잃을지도 모른다는 두려움보다는 일부 기업 내에 여전히 만연한 이중 잣대의 결과다. 남성은 자신감이 있다고 하는 반면 여성은 오만하다는 평가를 받는다든지, 남성은 페미니스트임을 드러낼 수 있지만 여성은 과격한 활동가나 심지어 히스테릭하다고 낙인찍는 것과 같은 이중 잣대다.

핀코치의 창립자이자 대표인 프레데리크 클라벨Frédérique Clavel도 높은 위치에 올랐을 때의 경쟁에 관해 다음과 같이 이야기한다.

> "피라미드 꼭대기에 오른 여성은 정계를 제외하고는 거의 없습니다. 2011년에 제정된 법 덕분에 이사회 내 여성들의 수가 눈에 띄게 늘었지만 기업 운영 조직에서 여성은 거의 없고 피라미드 꼭대기에 오른 소수의 여성은 남성의 무기를 들 수밖에 없습니다. 사모펀드 업계에서 높은 자리에 오른 여성을 한두 명 만난 적이 있는데, 그들은 자기 개인적인 삶을 희생한 채 그 자리에 오른 사람들이었고 다른 사람들도 성공하려면 본인처럼 힘들게 일해야 한다고 생각하고 있었어요. 지혜롭고 포용력을 가진 여성들도 있었어요. 제

가 만났을 때 이미 훌륭한 지도자였고 저희가 맡은 프로젝트에 큰 도움을 준 크리스틴 라가르드 같은 사람들이요. 사생활을 희생한 여성은 다른 여성에게 친절하지 않기 때문에 균형이 매우 중요합니다."

26세의 클로에는 대형 디지털 마케팅 대행사에서 일했는데, 직장 생활 초기에 처음으로 여성들이 서로를 대하는 방식에 충격을 받았다.

"사내에서 여성 직원들과 일할 때는 대부분 한 팀으로 일했어요. 누군가 힘든 일을 겪고 있으면 서로 함께 있고 도와주는 등 소통도 많이 하고 동정심과 이해심도 넘쳤어요. 일은 힘들었지만 회사 전체가 다 그런 분위기였고, 원하면 재택근무도 할 수 있어서 유연성도 있었고요. 사귀는 사람에 대해 이야기하기도 하고 무슨 일이 생기면 서로를 믿고 터놓았어요. 제 상사는 여자였는데 일 중독자였어요. 까다롭기는 해도 공정했고 어떤 문제가 생기면 항상 도와주었어요. 상사를 실망시키기 싫었고, 그분에게서 많은 것을 배웠어요.

그런데 가장 큰 고객인 다국적 기업과 함께 일하기 시작하자마자 이런 역학관계가 달라졌어요. 물론 클라이언트는 우리에게 어느 정도 영향력을 발휘하죠. 클라이언트가 돈을 지불하니 이 관계가 어떻게 될지 결정하고, 대행사는 을의 입장이죠. 공교롭게도 고객 회사 역시 여성으로만 구성된 팀이었어요. 다섯 명이 모두 부서장이고 4~50대 나이였으며, 주니어급 두 명은 우리와 그리 접점이 없었어요.

여성들이 권력을 쥐면 까다롭게 변해요. 팀 분위기가 사라져요. 저는 당시 이 프로젝트에서 제 상사 바로 밑에서 보조 역할을 맡고 있었어요. 책임감이 큰 직책을 맡은 게 처음이기도 했고, 여성들 사이에서 이런 일이 벌어질 거라고는 생각지도 못했기 때문에 처음에는 충격을 받았어요. 제가 순진했었죠.

그들은 우리 회사가 하는 일이 자기들 기준에 못 미친다는 듯한 태도를 보였어요. 지키기 힘든 기한을 강요하고 상당히 부정적인 코멘트를 남발하는 데다가 제시간에 모든 것을 제출해도 전혀 인정해 주지 않았어요. 무례하다 싶은 발언이 없으면 만족스럽다는 신호로 해석할 수 있었죠. 상황이 좀 이상했어요. 신뢰하는 분위기도 아니었고요. 클라이언트와 연락을 주고받을 때마다 신경을 곤두세워야 했어요. 후속 조치를 위해 보내는 특별하지 않은 이메일도 모든 사람에게 참조를 걸어두었어요. '편집증'에 걸린 것 같았어요. 인간적인 면모를 전혀 드러내지 않고 아주 매끄러운 태도로 마치 로봇처럼 행동해야 했어요.

거래처 사람들은 '알파 피메일'이 되려는 것 같았어요. 그러면 자기 위상이나 존재감이 커진다는 것처럼요. 여성들끼리니까 저는 더 많은 연대를 기대했고 분위기가 더 부드럽고 따뜻할 거라고 예상했어요. 그런데 그들은 아주 정치적이었어요. 각자 커리어를 쌓기 위해 전략적으로 행동한다는 인상을 받았어요. 그 이상도 이하도 아니고요. 그게 제가 받은 느낌이었어요.

그다음에 제가 직접 담당했던 고객사는 시장 점유율은 높지만 규모는 아주 작은 회사였어요. 이 고객사와는 모두 남성으로 구성된 팀과 소통했어요. 분위기가 부드럽지 않았고 거칠었어요. 너무 열심히 일해서 무서울 정도였지만 자신감을 잃게 하는 그런 무서움은 아니었어요. 권력과 상호 작용 방식이 예전 고객사와는 달랐어요. 뒤통수를 치거나 뒷담화한다는 느낌을 덜 받았어요. 그 고객사의 고위 관리진과 함께 일하는 건 마치 '춤'을 추는 것 같았어요. 모두가 함께 참여하는 춤이요. 무슨 말을 할지, 그 말을 어떻게 할지 고민하는 거죠. 그리고 모두 자기 이익을 위해 자리를 잡았고요.

우리 팀에 남성이 한 명이라도 있었다면 회사 측면이든 개인적인 측면이든 역학관계가 많이 달라졌을 거라고 생각해요. 여자 선배들은 경력이 다 화려해요. 그 말은 힘들게 싸워야 했다는 뜻이죠. 소수이기 때문에 그들은 자기가 가진 힘을 탄탄하게 만들고 그런 식으로 자기 의견을 주장하기 위해 끊임없이 방어 기제를 선택했어요. 그들은 미드필더나 팀의 일원으로 뛰지 않아요. 서로 돕지도 않고요. 선물처럼 도움을 받은 적도 없고 어떻게 주는지도 모르기 때문이죠.

그들은 어느 정도의 의사 결정권과 권력을 갖게 되었지만 저는 그게 그다지 좋아 보이지 않았어요. 그래도 대기업과 일하고 여성들로만 이루어진 팀과 일을 해본 건 처음이었으니 낙관적으로 생각하려고요. 아직 갈 길이 멀고, 강하고 뛰어나지만 맹목적으로 경쟁하지 않는 여성들과 함께 일할 수 있을 거라고 생각하기 때문에 절망하지 않습니다. 세상은 변하고 있고 우리도 변하고 있습니다. 여전히 그렇게 믿고 있어요."

클로에는 일을 막 시작한 단계로 에너지와 활기가 넘쳤다. 클로에가 경험한 일은 두 가지였다. 먼저 대행사 내 경험으로 협업과 상호 지원이 업무방식의 필수인 조직에서 모두가 고객이라는 공통된 목표를 위해 단합했다. 반면에 현대적인 고층 빌딩에서 일하는 고객사 고위 관리자들의 행동 방식은 클로에가 일하는 대행사의 방식과 달랐다. 그들은 클로에가 예상하지 못한, 남성적으로 권력과 권위를 행사하는 신체 언어와 태도를 보였다. 클로에는 고객사와 진행된 모든 의사소통과 회의를 정형화되고 편향된 시선으로 바라보았을 것이다. 그녀는 자기가 만난 여성들을 까다롭고 권위적이며 '부드럽지 않다'라고 생각했다. 이로써 리더 자리에 있는 여성을 부정적으로 판단하는 대다수의 여성과 남성의 편에 서게 된 것이다.

리더 자리에 있는 여성들은 호감을 얻지 못하고 표준에서 너무 많이 벗어나 있다는 평가를 받으며 어떤 지원이나 격려도 받지 못한다. 클로에가 느낀 것처럼, 경력과 나이가 많은 이 선배 여성들은 성별이라는 장벽에 맞서 싸워야 했고, 많은 경우에 그렇듯이 자신이 믿을 만하고 가치 있다는 사실을 증명하기 위해 몇 배의 노력을 기울였을 것이다. 그들은 인기보다 능력을 선택했고 이중 잣대의 개념을 완벽하게 보여주었다. 클로에와 선배 여성들과의 만남은 여전히 나이가 많든 적든 여성을 옥죄는 낡은 이분법적 사고를 보여준다.

● 리더십의 양면성

자신감을 드러내고 다른 사람을 크게 신경 쓰지 않으며 자기주장을 하는 것은 남성들에게는 바람직한 태도로 여겨진다. 반면에 여성들이 이렇게 행동할 경우 약간의 부드러움을 더하지 않으면 비난받는다. 권력과 리더십의 관계는 성별에 따라 다르게 인식되며, 이는 여전히 여성들 간의 상호작용과 여성의 위치에 대한 모순적인 시선으로 나타난다.

많은 여성이 넘치는 자신감을 가지고 있다. 이들은 경쟁적이고 단호하고 직설적이고 싶어 하며 어느 정도 권위를 나타내는 행동을 취하고 싶어 하지만 거부당하고 거만하게 보일까 봐 두려워 스스로 자제하다가 결국 관리직에서 일할 능력이 없는, 무능력한 사람으로 인식되고 만다.

성공과 자기주장의 의미에 대해 복잡한 감정을 가지고 사는 것은 불리한 경험일 수밖에 없고 자신감을 해칠 때가 너무 많다. 어머니, 할머니, 증조할머니로부터 항상 '자기 위치'를 지키며 공손하고 다른 사람의 필요를 자신의 필요보다 우선시하도록 교육받으며 수십 년간 자신을 의심해 온 여성들이 사회 혹은 조직에서 강하게 자기주장을 하며 성공하기란 쉽지 않은 일이다. 그래서 특히 여성 리더는 항상 모순된 평가에 직면한다. 그들은 너무 권위적이거나 너무 부드럽다는 평가를 받는다. 아무리 노력해도 기대에 부응할 수 없다.

이는 영미 인류학자이자 심리학자, 인식론자인 그레고리 베이트슨Gregory Bateson이 심리학에 도입한 '이중 구속' 또는 '이중 제약'이라는 개념에 해당한다. '해도 저주받고, 하지 않아도 저주받는다'는 뜻이다. 너무 권위적이거나 너무 부드럽다니….

● **롤모델의 존재**

여성 상사와 일하는 여성들의 경우에 자신감이 부족하다는 점이 관찰되기는 하지만, 반대로 여성이 기업 대표나 고위관리자, 그룹 회장이 되는 것은 자신을 믿고 자신의 길을 찾는 데 있어 모범이자 교훈이 될 수 있다. 주요 직책에 있는 여성의 존재는 강력한 영향력을 발휘하며 높은 목표를 세우고 성공할 수 있다는 믿음을 간접적으로 확인시켜 준다. 여성들이 개발해야 하는 행동들, 즉 연봉이나 승진을 두려움 없이 협상하고 회의에서 발언하는 등의 '대담함'은 혁신적이고 동기를 부여하는 여성 롤모델을 통해 구체화된다. 이들은 리더십의 협력적인 측면에서 진정한 본보기가 되며 이렇게 영감을 주는 여성들이 점점 더 많아지고 있다.

이런 점에서 작가 리베카 솔닛Rebecca Solnit은 세상을 바꾸는 열쇠는 동화를 다시 쓰는 것에서부터 시작되며, 이를 통해 여성들이 제한적인 서사에서 벗어날 수 있다고 믿는다. 솔닛은 《해방자 신데렐라》에서 경쟁관계를 그린 고전, 신데렐라와 이복자매의 이야기를 재조명한다. 솔닛은 신데렐라와 이복자매를 유혹과 권력, 현행 규범에 종속된 운명에서 벗어나게 하는 동시에 그들 내면의 깊은 가치를 존중한다. 솔닛은 그들에게 만족스러운 삶이 무엇인지에 대한 새로운 정의를 내린다. 직업과 포부가 바뀌고 모두가 만족하며 이야기는 끝을 맺는다. 작가의 마술 지팡이는 답답한 고정관념에서 벗어나게 한다.

파리정치대학을 졸업하고 명품 업계에서 시니어 브랜드 매니저로 일하고 있는 50세의 이사벨을 만나보자. 이사벨은 자신감이 부족한 상사와 경쟁하게 됐다.

"직장 내에서 경쟁자 문제를 겪은 적이 있어요. 특히 런던에서 일할 때 저를 채용한 네트워크 디렉터가 있었어요. 그녀는 자기 경력이 저보다 못하다는 사실을 깨닫고 저를 해고하려 했어요. 그녀는 제가 자기 자리를 빼앗을 거라는 위협을 느꼈어요. 하지만 저는 그 자리를 차지할 마음이 전혀 없었어요. 당시 저는 영국을 떠나고 싶지 않다고 의사를 분명하게 밝혔고요. 하지만 그녀는 온갖 수단을 동원해 제가 떠나게 만들려고 했어요. 결국 성공했죠. 그 상황은 3년 동안 지속되었습니다.

경영진이 제 관리 능력과 성과를 인정하고 저를 칭찬하는 것을 알아차리자 그녀는 6개월 동안 신임 디렉터를 통해 간접적으로 압박을 가했어요. 신임 디렉터를 통해 제게 일을 맡기고 그 사람에게는 자기 입장에서 이야기를 만들어 전달했어요. 신임 디렉터는 저에 대해 잘 모르니 그 사람에게 '당신이 이제 직속 상사니 저 여자를 내보내는 건 네 몫이다'라는 생각을 주입시키기가 쉬웠겠죠. 그래서 3개월째리 재개발 계획을 제게 들이밀며 어떻게든 저를 깎아내리려 했어요. 신임 디렉터는 제가 어떻게 일했는지 감사 작업을 하기로 했고 제 관리 능력에 문제가 없다는 사실을 깨닫고는 상사의 계획을 확실하게 알게 되었어요. 그리고 저는 거의 2년 동안 평화를 누릴 수 있었죠.

불행히도 신임 디렉터는 회사를 떠났고 제 상사는 관리직에서 더 높은 직책을 맡게 되었어요. 그녀는 같은 문제와 갈등을 언급하며 새로 온 디렉터와 배후 공작을 벌였어요. 이번 디렉터는 능력이 정말 부족했고 제 상사는 그 신임 디렉터에게 어느 정도 영향력을 발휘할 수 있는 위치였어요. 제 상사는 항상 신임 디렉터를 이용해 저를 공격했기 때문에 공개적으로 반론을 제기하기가 매우 어려웠어요.

제 상사가 자신감이 부족하다는 사실은 제게 너무나 치명적이었어요. 그녀는 능력이 있어서라기보다는 매우 정치적인 이유로 그 자리에 올랐어요. 그녀는 본인이 돋보이려고 주변에 무능력한 사람들만 두었어요. 그 모습을 여러 번 목격했죠. 저 같은 경우는 뛰어난 인재를 찾아 팀을 꾸리려고 했는데 말이죠. 남자였다면 그렇게 똑같은 문제를 되풀이하지 않았을 거라고 생각해요. 오히려 정면 승부를 봤을 거예요. 그녀는 저를 함정에 빠뜨리고 복수할 순간을 기다렸어요. 남자들도 위협을 느끼지만 그들이 대처하는 방식은 달라요. 남자들은 더 직접적으로 단호하게 조치를 취하는 편이죠.

최근에 저는 훌륭한 여성 CEO와 일할 기회가 있었는데 정반대의 경험을 했어요. 처음에는 그녀를 잘 이해할 수 없었어요. 그녀는 동의하지 않으면 소리를 지르기도 해서 온전히 신뢰하기 어려웠어요. 그런데 그녀는 비판을 받아들일 줄 알았고 뒤통수를 치는 일부 여성들의 위선적인 면도 없었어요. 그녀는 지성과 공정함을 발휘해 다른 사람의 말을 경청하고 판단하는 방법을 알고 있었어요. 자신이 놓치는 부분이 있을 수 있다는 점을 인정하고 솔직하게 이야기했죠. 자신감이 넘쳐서 자신을 의심하는 것도 가능했던 거죠. 저는 그녀가 필터가 없다는 점이 좋았어요. 상대방 입장에서는 당황스러울 수 있죠. 특히 여성에게는요. 사실 이 업계에서, 특히 여성에게서는 흔히 볼 수 없는 진실성을 보여서 마음에 들었습니다."

남성 중심의 환경에서 여성의 목소리가 높을 경우 차별의 원인이 될 수 있다. 역사학자 크리스틴 바르는 프랑스 사회당 대표인 세골렌느 루아얄이 목소리 톤을 낮추기 위해 전문가에게 훈련받았다는 사실을 상기시켰다. 마치 권력의 자리에 서기 위해서는 여성적인 것을 연상시키는 모든 것을 배제하고, 여성스러움을 말끔히 지워야 한다는 듯이 말이다.

이런 환경에서는 여성이라는 것만으로도 튀는 일인데, 여기에 목소리나 옷차림 같은 여성성마저 드러내면 오히려 불리해질 수 있다. 여성스러움이나 목소리 등 무엇이든 우리의 능력과 상관없는 것들을 문제 삼는 것보다 우리의 자신감을 약하게 만드는 일은 없다. 하지만 바르는 여성들 간의 관계에 대해 좀 더 복합적이고 미묘한 관점을 제시한다. "아직은 노력과 개선이 더 필요하지만, 저는 형식적이든 비형식적이든 다양한 형태의 여성 연대 소규모 집단이 존재한다고 생각합니다. 단순히 친구 사이든 여성 연대를 강화하는 것을 목표로 하는 여성 단체든, 어려울 때 서로 돕기 위해 함께 모이고 서로의 말에 귀 기울이며 살아가는 여성들이 많이 있습니다."

내면화된 편견이 가면을 씌운다

다른 여성의 지시를 받으며 일하는 데 어려움을 겪는 여성은 무능하진 않더라도 권위 자체에 문제가 있거나 안의 경우처럼 어린 시절에 깊게 뿌리 내린 문제가 있을 가능성이 높다. 여기에는 여러 가지 가설을 적용해 볼 수 있다. 예를 들어 모녀 관계는 과도하게 유대감이 형성될 수 있는데, 딸이 그 관계에서 벗어나려면 여기에는 어머니의 허락이 필요하다. 모녀 관계는 종종 복잡한 양가감정으로 물들 수 있다. 딸은 어머니의 이상과 권위, 성공에 짓눌린다고 느낄 수 있다. 자기 자리를 찾고 어머니와 적절한 거리를 유지하며 스스로 선택하는 것은 평생의 과제가 될 수 있다. 아니크 우엘Annick Houel은 《직장에서의 라이벌 관계Les Rivalités féminines au travail》에서 다음과 같이 말한다.

> 여성 상사와의 관계에서 중요한 것은 모성적 권위와의 관계다. 직장에서 많은 여성은 전능한 어머니라는 구시대적 이미지를 다시 떠올리게 만드는 여성 상사를 거부한다. 그들은 여성 상사를 상대로 용납하지 못하는 것을 남성 상사를 상대로는 받아들인다. 그들은 종종 갈등이 발생하면 남성 동료에게로 '피신'한다고 말한다. 그것이 더 쉽기 때문이다.

● 자기방어를 위한 경멸과 혐오

다른 설명은 또다시 사회 역사적 맥락에서 찾을 수 있다. 습관과 이미지의 문제다. 직장 내 남성들 간의 경쟁은 용인되고 정상적이고 건전한 것처럼 보이지만, 여성들 간의 경쟁은 낙인찍힌다는 것이다. 우리는 다시 '머리채를 잡고 싸운다'라는 구시대적이고 진부한 표현으로 돌아간다. 거기에다 일부 여성들이 동료 여성들과 페어플레이하지 않는다는 점도 인정해야 한다. 왜 그럴까? 그들은 남성 중심의 환경을 뚫고 그곳에 들어가려면 그 환경 규범을 받아들여야 한다고 생각하기 때문이다.

기업 세계에서 여성들은 무의식적으로 남성의 규범을 받아들였기 때문에 다른 여성들에게 늑대처럼 가혹하고 냉정한 태도를 보일 수 있다. 여성들은 수 세기에 걸친 편견과 수십 년 동안 남성보다 열등하다는 평가를 받으면서 여성 혐오를 당연한 것으로 내면화했다. 따라서 여성들이 때때로 남성처럼 행동하고, '약하다' 또는 '열등하다'는 평가를 받지 않기 위해 남성 편에 서고, 다른 여성을 '약하다'고 보는 것은 당연한 일이다. 그리고 여성 혐오적인 남성의 행동을 모방하고 때로는 과할 정도로 자기 것으로 만들어버리기도 한다. 노동사회학자 다니엘 케르고트$_{\text{Danièle Kergoat}}$는 다음과 같이 설명한다.

> 여성은 남성의 지배를 너무나 내면화한 나머지 자신을 폄하한다. 여성들은 자기 가치를 낮게 평가하며 결함이 있는 성별이라며 자신을 부정한다. 따라서 여성들이 보이는 여성 혐오는 일종의 자기방어로 분석할 수 있다. 요컨대 여성 혐오는 '자기 자신에 대한 경멸'인 반면, 남성 혐오는 '타자에 대한 경멸'이라고 이해해야 한다.

어떻게 하면 여성들이 음색이나 본질을 바꾸지 않고 과장된 겸손 없이 자신의 목소리를 진지하게 받아들일 수 있을까? 앞서 살펴본 바와 같이 자신감은 솔직하게 자신을 마주하는 것에서부터 시작된다. 그렇다고 해서 남성을 흉내 내거나 꼭 남성적인 자세를 취하거나 남성/여성의 구분에 따라 행동하라는 뜻이 아니다. 그 대신 자신을 제대로 알고 가능한 한 자신에게 충실함으로써 인간으로서의 온전함을 유지하는 데 필수인 자존감을 얻을 수 있다.

연대가 균형을 만든다

마르틴 아부Martine Abbou는 여성 네트워크 홍보대사다. 그녀는 자기 삶을 영위하는 여성 기업가 정신을 장려하기 위해 '위마담Wimadame'이라는 네트워크 및 디지털 매체를 설립했다. 아부는 연대를 구축해야 한다고 말한다. 그러려면 할 일이 많다. 우리는 책 작업을 위해 그녀를 만났다.

> "여성은 오랜 시간 동안 집이라는 한정된 범위 내에서, 가족이라는 제한된 범위 내에서만 활동해 온 반면, 남성들은 축구 경기를 보러 가거나 술집에 함께 가는 등 항상 네트워

크 안에서 활동해 왔습니다. 이런 식으로 남성들 사이에는 일종의 형제애가 형성되어 있었죠. 여성들은 이 격차를 해소해야 했어요. 고립감을 깨고 직업 및 창업 경험을 공유하기 위해 함께 모여야 했고요. 현재 프랑스에는 500개가 넘는 여성 네트워크가 있습니다.

흔히 두 명의 여성이 경쟁한다고 하면 서로 권력을 잡기 위해 싸우게 될 거라고 생각합니다. 반면에 5~6명의 여성이 있으면 연대하는 팀이 형성되죠. 저는 새롭게 등장한 이런 여성 연대를 이상화하고 싶지 않습니다. 아직 해야 할 일이 남아 있지만 조금씩 자리를 잡아 가고 있으니 이건 시간 문제일 뿐입니다. 지난 수십 년 동안 관리하는 방식은 많이 바뀌었습니다. 인터넷 덕분이죠.

오늘날의 네트워크는 자율성에 대한 욕구와 자신을 표현하고자 하는 욕구를 반영합니다. 인생은 아름다운 만남으로 이루어져 있습니다. 제 안에는 항상 잠재된 전투성이 있었습니다.

저는 여러 프로젝트에 열중했고, 딸들이 졸업하고 고정관념에 부딪히지 않도록 롤모델이 되고 싶었어요. 리크루트 회사에서 일하는 똑똑한 친구와 이 이야기를 나눴어요. 그 친구는 2000년에 도빌에서 열린 여성 포럼에 저를 초대했어요. 전 세계에서 사람들이 모여들었죠. 그곳에서 여성들의 창업을 돕는 훌륭한 네트워크인 '여성의 힘Force Femmes'의 여성 대표들을 만났어요. 그때 깨달았어요. 무언가가 일어나고 있고 여성들 사이에서 일종의 각성이 일어나고 있음을 느꼈습니다.

그곳에서 나오면서 친구들에게 전화를 걸어 '네트워크가 없는 여성들을 위한 네트워크를 만드는 게 내 꿈이야'라고 말했어요. 순진한 생각일 수도 있지만 여성의 삶이 개선되면 남성의 삶도 개선될 거라고 굳게 믿었죠. 균형이 중요하니까요. 그래서 여성과 남성 친구들을 모았습니다. 주소록이 있지만 주소록은 네트워크가 아니죠. 유럽 전역을 대상으로 상을 만들었는데 반응이 좋아서 2001년에 '위마담'이 탄생했어요. 저는 디지털 교육을 받았고요.

여성들은 함께 모여 문제를 논의하고 다리를 놓을 수 있습니다. 아이디어를 생각해 내고 공유했어요. 디지털 분야에서 활동하는 여성들, 기업가, 재능 있는 여성 등 네트워크는 없지만 할 말이 있는 여성들이 자기 목소리를 낼 수 있는 매체를 만들고 싶었습니다. 저는 이것이 가상 연대를 만들어낼 거라는 사실을 알았어요. 위마담은 조금씩 여성들의 목소리를 대변하는 메아리가 되어 자립, 균형, 자신감이라는 세 가지 영역에서 여성들을 돕는 것을 목표로 하고 있습니다."

모순된 기대 너머로

스스로 항상 싸움터에 나가 있는 것 같다고 느낀다면 여성들에게 요구하는 바가 항상 더 많기 때문이다. 가령 여성들은 '남성적인 행동을 취하며 자기 의견을 주장하라!'든지 '부드러움을 유지하라!' 등과 같이 모순된 사항을 요구받는다.

여성들은 마음속 깊은 곳에서 자신이 받게 될 사회적 평가를 두려워한다. 취업 시장에 진입한 열정 넘치는 젊은 여성이 어떻게 이런 해결하기 힘든 문제를 극복할 수 있을까? 다른 여성들이 당신의 존재만으로도 위협을 느낄 때 어떻게 자신감을 가질 수 있을까?

앞서 살펴본 바와 같이 여성 혐오는 남성에게 국한된 문제가 아니다. 일부 여성은 자신감이 부족하거나 끊임없이 자신을 남과 비교하고 사랑받지 못할까 봐 두려워서 서로를 싫어한다. 이런 면은 사랑에서는 질투로, 직장에서는 권력 남용 논란의 태도로 나타난다. 즉, 항상 존재해 왔다. 19세기 프랑스 작가 델핀 드 지라르댕Delphine de Girardin이 여는 문학 살롱에는 발자크나 위고, 라마르틴 등이 자주 모였는데 지라르댕은 이런 과감한 발언을 했다. "여성을 칭찬하는 방법은 단 하나, 경쟁자에 대해 나쁜 말을 많이 하는 것뿐이다." 여성을 바라보는 매우 저급한 인식이다.

우리는 신화와 믿음을 타파하고 사적인 영역에서 여성을 매혹과 아름다움, 경쟁자 역할에 한정시키는 것을 멈춰야 한다. 마찬가지로 직업적인 영역에서 심술궂거나 모성적인 인물로 여성을 한정 짓는 것도 멈춰야 한다. 우리는 여성 연대 관계를 구축해야 하지만, 성별에 기반한 것이 아니라(여성이기 때문에 유능한 것이 아니다) 남성과 동등하게 능력을 평가받고 존중받는 것을 목표로 해야 한다.

페미니스트 아이콘인 글로리아 스타이넘Gloria Steinem의 말처럼 "우리는 서로를 지지하고 정기적으로 대화하며 자신의 진실과 경험을 이야기하고 혼자가 아니라는 것을 알 수 있는 소규모 여성 그룹인 대안 가족을 만들어야 한다. 그러면 모든 것이 달라질" 것이다.

8

불안하고 불완전한 사랑의 굴레

> 순응이 주는 보상은 나 자신을 제외한
> 모든 사람이 나를 사랑한다는 것이다.
> **-리타 메이 브라운**

왜 연애마저 이 지경일까

완벽에 대한 강박과 스스로 사기꾼 같다는 느낌은 직업적 맥락에만 국한되지 않는다. 사적인 영역에까지 침투해 커플 사이를 혼란에 빠뜨릴 수 있다. 모든 사람이 당신이 그 자리에 적합하지 않다는 것을 알아차리는 그 운명적인 순간이 올까 봐 중요한 만남이나 승진, 갑자기 주목받는 역할을 두려워하는 것처럼, 사랑하는 사람과의 관계도 매우 빠르게 위험하다고 느껴질 수 있다.

관계가 위험해 보이는 이유는 내면화된 의심 때문이다. '정체가 탄로 날 것'이라는 두려움이나 우리에게 일어나는 모든 일에 대해 자격이 없다는 느낌은 우리를 옭아매고 심지어 아름다운 사랑 이야기를 망쳐버리기도 한다. 모든 일이 순조롭게 흘러가는 순간 자신이 어울리지 않는다는 두려움을 느끼고, 스스로 자신의 짝에게 어울리지 않는 사람이라고 생각하며, 그 사람이 언젠가 실수를 깨닫고 자신을 떠나리라 생각하고… 이 모든 것은 가면 증후군의 전형적인 증상이며, 더 일반적으로는 자신감이 낮을 때 나타나는 전형적인 증상이다.

연애를 시작할 때나 연애 중 특정 시점에 불안감을 느끼는 것은 많은 이들이 겪는 일이다. 하지만 이런 의심이 지속되어 그동안 꿈꿔왔던 관계를 망치는 행동으로 이어진다면, 이제는 그에 대응해야 하며 그 원인(독이 되는 믿음)을 찾아내고 제거해 거기에서 벗어나야 한다.

아멜리 노통브의《앙테크리스타》에 등장하는 열여섯 살의 블랑슈는 열등감에 시달리고 존재감 없는 성격에 자신감이 부족한 여학생이다. 블랑슈는 학교에서 가장 인기 많고 밝은 성격인 크리스타가 자신에게 관심을 보이자 믿을 수 없어 한다. 불행하게도 천사는 교묘한 악마로 밝혀졌고, 크리스타는 앙테크리스타(敵 그리스도를 연상시키는 이름-옮긴이)로 드러난다. "겉에서 보기에 내 존재는 뼈만 남아 앙상하지만, 안에서 보면 가구라고는 책장 하나뿐이나 그 책장이 풍성한 책들로 채워져 있는 그런 아파트 같았다. 장식품 없이 필요한 것들로만 가득 차 있어서 사람들로부터 감탄과 부러움을 불러일으키는 그런 아파트 말이다."

자신감이 부족한 상태에서 우정이든 사랑이든 누군가가 관심을 보이면, 특히 그 사람이 자신감으로 가득 차 있다면 우리는 놀라게 된다. 하지만 그 놀라움이 사라지고 나면 어떻게 될까? 자신을 사랑하지 않는데, 자신이 충분하지 않다고 느끼는데, 끊임없이 자신을 깎아내리는데 다른 사람을 사랑할 수 있을까?

● 자기 믿음에서부터 시작되는 사랑

35세의 카를라는 동갑내기인 쥘스와 결혼 10주년을 맞이한 아름다운 이탈리아 여성이다. 쥘스는 사업체를 운영하고 있고 둘 사이에는 두 명의 아이가 있다.

"남편이 정말 잘생기고 똑똑해서 저는 항상 열등감과 질투심에 시달렸어요. 최악은 그 사람이 정말 훌륭한 남편이자 훌륭한 아빠라는 거예요. 나무랄 곳이 전혀 없죠. 결혼 초기에는 남편을 바라보는 다른 여자들의 시선이 저를 미치게 만들었어요. 그래서 저는 교활하고 비도덕적인 행동을 하기 시작했어요. 그 사람을 살찌게 했어요. 그 사람이 좋아하는 파스타 요리에 기름을 더 넣고 어마어마하게 큰 티라미수를 만들었죠. 그리고 마침내 그 사람 배가 나왔을 때 저는 너무 기뻤어요. 집에 예쁜 여자를 초대하지 않았고, 정기적으로 그 사람 회사에 가서 직원들의 외모를 확인하고, 보모는… 못생긴 사람으로 고용했죠. 미친 여자 같죠. 부끄럽지만 이제 이 이야기를 할 수 있는 이유는 제가 회복되었고 음식 평론가로 다시 일하게 되었으며 그 사람을 염탐하는 일을 그만두었기 때문입니다. 저는 이제 기름진 음식을 만들지 않아요. 남편은 다시 날씬해졌지만 그 사람을 잃을지도 모른다는 두려움은 줄어들었어요."

가면 증후군은 치료하지 않고 방치하면 더 이상 나아지지 않는다. 카를라는 '완벽한' 남편과 결혼했고, 이는 열등감과 스스로 사기꾼 같다는 느낌을 부추겼다. 다른 여성들 앞에서 자신의 감정과 자신감 부족을 어떻게 제어할 수 있을까? 카를라는 자신의 고통을 토로하고 질투심을 말로 표현하는 대신 남편을 '통제'하고 살찌게 만들어 그를 붙잡아두고, 남편이 자신을 떠날지도 모른다는 두려움을 속이려고 노력했다. 완전히 비정상적인 전략이었다. 다행히 세월이 흐르면서 카를라는 진정되었고 치료를 받으면서 마침내 자신을 믿을 수 있게 됐다.

● 연인에 대한 잘못된 기대

때때로 배우자는 우리의 불안과 자신감 결핍을 치유하는 약이자 치료사처럼 보일 수 있다. 하지만 그것이 배우자의 역할일까? 그리고 과연 배우자에게 그럴 만한 능력이 있을까? 루이즈는 남편이 자신의 부족함을 해결해 줄 수 있는 치료사가 아니라는 사실을 깨닫기까지 오랜 시간이 걸렸다.

"자신을 사랑하라고요? 그게 우선이라고요? 하지만 이런 문구들은 실제로 그 과정을 경험해 보기 전에는 이해할 수 없어요. 그렇지 않고서는 그저 공허한 말에 지나지 않아요. 어렸을 때는 존재한다는 것만으로도 행복했고 삶의 기쁨이 넘쳤고 세상 그 무엇이든 해낼 수 있을 것 같았어요. 하지만 지옥은 다름 아닌 다른 사람들, 즉 저와 가장 가까운 사람들이라는 걸 깨달았어요. 부모님은 당신들이 바라는 점을 제게 강요하기 시작했고 반복적으로 '결혼해서 아이를 낳아야지…'라고 하셨어요. 부모님의 강요 때문에 자신감을 잃었어요. 부모님은 마치 제게 이렇게 말하는 것 같았어요. '넌 혼자잖아. 넌 아무짝에도 쓸모없어!' 그래서 저는 결혼해서 뭔가 멋진 삶을 만들어 부모님을 기쁘게 해야 한다고 생각했어요. 남들과 비슷한 삶을 살려고 노력했고 결혼 생활을 미화했어요. 저는 줄 게 너무 많았고, 이기적이게도 더 많이 주면 더 많이 받을 수 있다고 생각했어요. 그래서 저는 생존본능처럼 일찍 결혼했어요. 그건 사랑을 넘어선, 절대적인 무언가였어요. 결혼할 사람을 찾지 못할 수도 있다는 생각이 들어 무서웠어요. 그리고 조금씩 자신감이 부족해지기 시작했고요.

나와 꼭 맞는 짝을 찾으면 모든 문제가 해결될 거라는 생각은 착각입니다. 물론 그럴 수도 있죠. 저는 개인적으로 삶에 맞설 용기가 없었어요. 저는 구제 불능일 정도로 낭만주의자여서 부부가 함께 무언가를 해내고 팀을 이루는 게 환상적이라고 생각했어요. 저는 남편이 저의 이런 바람을 해결해 줄 거라고 기대했지만 남편은 그런 역할을 맡으려 하지 않았어요. 자신감이 부족한 사람을 보면 그 사람을 더 깎아내리지 않고는 못 배기는 비뚤어진 면이 있는 사람들이 있어요. 그들도 결점이 있기 때문이죠. 그들의 위장 수단이 당신을 깎아내리는 거라는 사실을 깨닫기까지는 오랜 시간이 걸립니다. 그제야 생각하죠. '도망쳐!'

하지만 결국 그 모든 것이 긍정적으로 작용해서 제가 성장하는 데 도움이 되었습니다. 저는 성장했어요. 결국 상대방의 무조건적인 사랑을 바라지 않게 되었을 때, 상대방의 시선 속에서만 존재하려는 욕망을 멈췄을 때 고통이 사라지고 자신감이 돌아왔어요. 쉰 살이 된 지금에서야 솔직히 말하지만 어렸을 때는 그 점 때문에 많이 힘들었어요. 이제는 남을 탓하지 않고 제 결점과 약점을 받아들이고, 누구도 빼앗을 수 없는 제 안의 탁월한 무언가를 간직하고, 해로운 사람을 멀리하고, 카르페 디엠 정신을 염두에 두고 생활하고, 친절과 공감을 보이며 공정하게 사는 것, 그것이 바로 제 원동력입니다!"

루이즈는 부모님의 기대에 부응하고 이상화된 부모님의 관점을 내면화하면서 자신을 제대로 알아가는 데 어려움을 겪었다. 자신이 원하는 바는 뒤로 밀려났고 그로 인해 독립 과정과 진정한 '자아'와 열망, 가치, 욕구를 발견하는 과정이 늦어졌다. 그 결과 자신감이 낮아졌고 삶을 마주하는 것은 다른 사람(남편)을 통해서만 가능하다고 여겼다. 남편을 붕대나 버팀목, '모든 것을 고칠 수 있는' 만병통치약쯤으로 생각한 것이다. 두 사람 간의 사랑은 상대방을 위해 또는 상대방의 입장에서 사는 것이 아니라 함께 삶을 공유하는 사람의 개인적인 발전을 돕는 것이다.

여기에서 사회와 사회 속 신화는 언제나 여성에게 도움이 되지 못한다. 프랑스 작가 프레데릭 베그베데 Frédéric Beigbeder는 이에 대해 다음과 같이 말한다. "그래서 매력적인 왕자님을 기다린다. 매력적인 왕자님은 완벽함을 추구하다가 실망하고 혼자 늙어가는 신경질적인 여성들을 만들어내는 어리석은 광고 콘셉트다. 그들을 행복하게 만들 수 있는 것은 불완전한 남성뿐이다."

● 불행에서 빠져나올 용기

연인 혹은 부부 사이에서 어느 한쪽이 자신감이 부족하면 언젠가는 상대방이 그 사실을 깨닫는다. 그럴 때 그 사람은 당신을 지지하고 당신을 사랑하며 당신이 충분히 잘하고 있다는 사실을 증명하기 위해 어떻게든 당신을 안심시키려 노력할 것이다. 아니면 앞서 본 사례에서와 같이 치유자 역할을 수행할 방법을 모르거나 오히려 당신을 깎아내리면서 본인의 자신감을 채워 안도하려 할 수도 있다. 또는 악한 사람이거나 다른 사람을 조종하는 사람, 아니면 단순히 불안정한 사람이라서 당신의 약점을 이용해 자신의 존재감을 느끼고 지배의 쾌감을 느끼려 할 수 있다.

레일라의 경우가 바로 여기에 해당한다. 24세의 레일라는 마라톤 대회에서 서른 살의 토마를 만났다. 두 사람 모두 성취욕이 강하고 운동을 좋아했다. 날씬한 몸매에 자기 한계를 넘어서기 위해 노력하며 철저한 생활 습관을 가지고 있었다. 레일라는 고등학교에서 조리사로 일했다.

> "몇 달 후 토마가 자기 집에 들어와 같이 살자고 했어요. 잘생기고 독신에 스포츠 마케팅이라는 멋진 직업을 가진 사람이 저 같은 여자에게 관심을 보인다는 게 믿기지 않았어요. 솔직히 저는 운동을 잘하는 것 외에는 자신감이 전혀 없었고 스스로 하찮은 존재라고 생각하고 있었거든요. 그래서 저는 정말 기분이 좋았어요. 가족들은 제가 결혼도 안 한 상태로 누군가와 함께 사는 것은 좋지 않다며 말렸지만,

저는 그 사람을 위해서라면 무엇이든 할 수 있을 것 같았어요. 완전히 사랑에 빠져 있었거든요.

동거한 지 4개월이 지난 어느 날 밤, 토마는 제 허리 주변을 쥐고는 퉁명스럽게 말했어요. '이렇게 러브 핸들이 잡히는데 널 계속 만질 거라고 생각한다면 착각이야. 그 늘어진 살들 좀 없애버려! 그리고 침대에서는 좀 더 상상력을 발휘해 봐!' 저는 깜짝 놀랐어요. 달리기를 더 해서 무서울 정도로 살을 뺐지만 그 사람은 계속 저를 비난했어요. 저는 비관적인 생각을 하기 시작했어요. 친한 친구에게 제 일을 털어놓았고 다행히 그 친구 덕분에 정신을 차렸어요.

어느 날 아침 그 사람이 출근하자마자 저는 짐을 챙겨 그곳을 떠났어요. 그 사람은 제게 연락조차 하지 않더군요. 마치 우리가 함께한 시간이 없던 일인 것처럼요. 그 이후로 저는 나 자신을 믿고 더 존중하는 법을 배웠고 저를 있는 그대로 사랑해 주는 정상적인 남자를 만났습니다.”

이런 상황에서는 떠나는 것 외에는 할 수 있는 일이 많지 않은데, 레일라는 마침내 이 부분을 이해했다. 어느 날 당신의 파트너가 당신에게 너무 뚱뚱해서 만지기 힘들다고 말한다면 그때는 좋아하는 케이크 한 조각을 먹으러 가라. 그 케이크는 나쁜 파트너가 당신에게 줄 수 있는 그 어떤 것보다 좋은 것일 테니까. 용기를 내서 도망가라.

카트린 벤사이드Catherine Bensaïd도 비슷한 말을 한다. "침묵과 부재, 고통에 대해 '아니'라고 말하기를 두려워하지 마세요. 관계가 지속될 수 없다면 그건 관계를 유지하기 위해 당신의 삶을 너무 많이 희생해야 했기 때문입니다. 이 점을 이해하면 불행한 연애에서, 상대방과의 싸움이라기보다는 자신과의 싸움에서 성공적으로 빠져나올 수 있고, 당신을 불행하게 만든 사람에게 '아니'라고 말할 수 있을 거예요. 그렇게 해서 마침내 당신이 겪고 있는 불행에 '아니'라고 말할 수 있게 될 것입니다."

디지털 시대의 불안한 연인들

커플 심리치료사 에스텔 페렐은 "우리는 비즈니스와 쾌락이 교차하는 로맨틱 소비 시대에 살고 있다. 사람들은 앱을 통해 첫 데이트를 할 때 마치 면접을 보러 가는 것 같다고 느낀다"라고 말한다. 특히 자신감이 떨어지고 '심사받는' 기분이 들 때 더욱 그렇다. 디지털 시대가 오기 전에는 달콤한 말로 '환심을 사려는' 시절이었다. 예전 방식은 오늘날의 여성들에게는 꿈같은 이야기가 되어버렸다.

35세의 오펠리는 키가 크고 금발에 날씬하며 천사 같은 얼굴을 한 그녀는 고등학교에서 수학을 가르친다. 몇 번의 불꽃 튀는 짧은 만남과 세 번의 긴 연애를 경험했지만 항상 끝이 좋지 않았다. 첫 번째 연인과는 서로 꿈꾸는 미래가 달랐고(오펠리는 아이를 원하지 않았다), 두 번째 연인은 바람을 피웠고, 세 번째 연인은 돈까지 뜯어내 도망쳐버렸다. 자존감이 무너지고 오랜 외로움에 시달리다 못한 오펠리는 현대적인 여성이 되기로 결심하고 데이트 앱에 가입했다.

"처음에는 꽤 흥미로웠어요. 제 사진을 올린 후 엄청난 수의 '좋아요'를 받았어요. 제 프로필과 매칭된 남성 수십 명에게 답장을 보내야 했어요. 그들은 저와 같은 도시에 살고 있었고 꽤 잘생긴 데다 직업도 괜찮았어요. 저는 그들을 만나 술을 한잔하거나 점심을 먹었어요. 그중 몇 명은 다시 전화를 걸어 '우리 집에 와도 되느냐'고 물었고 저는 시내에서 데이트를 하자고 했죠. 그 사람들은 곧바로 거절하더니… 그 뒤로 다시는 연락이 없었어요. 섹스가 아니면 아무것도 안 한다는 거였죠. 다른 사람들은 처음 술을 마신 이후로 연락이 없었고요. 솔직히 어떤 게 더 짜증 나는지는 모르겠어요. 섹스 생각밖에 없는 사람이랑 겨우 한 시간 만나놓고 당신이 마음에 들지 않는다고 하는 사람 중에요. 저는 외로웠지만 아무도 만나지 않았고(제 친구들은 연애 중이거나 저처럼 힘들어하고 있었어요) 자신감을 잃기 시작했기 때문에 이 앱을 이용한 거였어요.

이 경험으로 자존심에 큰 상처를 입었고 자신감은 더 떨어졌어요. 마치 제가 재미없고 사랑스럽지 않고 못나고 시대에 뒤떨어진 사람인 것처럼 느껴졌어요. 열흘 정도 후에 앱에서 제 프로필을 삭제했고 다시는 그 앱을 사용하지 않았어요. 이런 종류의 데이트를 하기에는 제가 너무 나이가 들었나봐요. 게다가 모든 게 '낭만적이지 않고' 제가 상품처럼 평가받는 느낌이 들었어요. 적어도 어느 파티에서 누군가를 만나고 그 사람이 제 번호를 물어보고 전화하면 나중에 잘 안되더라도 스스로 괜찮다는 느낌이 들거든요. 그런데 앱에서는 카탈로그에서 선택되고(물론 그 반대의 경우도 마찬가지지만요), 바로 호감이 생기지 않으면 거절당해요. 어떻게든 매력을 발산해야 주목받을 확률이 높아지죠. 자신감을 되찾으려고 노력하는데 쉽지 않아요."

● 행복이 도망갈지도 모른다는 두려움

오늘날 가면 증후군은 젊고 예쁘고 똑똑하며 직업적으로 성공을 이룬 여성에게는 영향을 미치지 않는다고 생각하기 쉽다. 하지만 현실은 그렇지 않다. 크게 성공한 26세의 패션 블로거 펠리시가 전하는 이야기를 들어보자.

"저는 막스와 2년째 사귀고 있고 동거한 지 8개월이 됐어요. 저는 열정적으로 일에 임하고 자신감이 넘치는 사람입니다. 패션 스타들과 인터뷰를 하기 위해 필요하면 망설이지 않고 문을 두드리죠. 하지만 집 문턱을 넘는 순간 저는 불안하고 연약한 소녀로 돌아가요. 그러다가 어느 순간 영화 속에 등장하는 괴팍한 여자로 변해서 막스에게 지나치게 예민하고 공격적인 태도를 보여요. 분명히 별것 아닌 일인데 순간적으로 미친 여자처럼 변하는 거죠. 새 옷을 입었는데 칭찬받지 못하거나 막스가 나보다 먼저 잠들거나 조용하게 전화를 받으면… 저는 머릿속이 뒤엉키고 온몸이 떨리기 시작해요.

첫 키스 이후 제가 무엇 때문에 그 사람에게 확신을 가졌는지 증거를 찾다 보면 '이 사람은 정말 나와 뭘 하고 있는 거지?'라는 질문으로 귀결됩니다. 인정하기 싫지만 그의 휴대전화를 뒤져서 의심스러운 문자 메시지가 있나 찾아보기도 해요. 막스라면 원하는 누구와도 사귈 수 있을 거라는 생각을 떨쳐낼 수가 없어요. 그는 멋지고 똑똑해요. 이제까지 그 사람이 만났던 여자들은 모두 키가 큰 금발이었지만 저는 갈색 머리예요. 어느 순간 막스가 정신을 차리고는 자신이 실수를 저질렀고 제가 애쓸 만한 가치가 없다는 점을 깨닫게 될 거라는 걸 알아요. 저보다 더 좋은 여자들이 너무 많으니까요.

역설적이지만 이렇게 난리를 피우고 나면 그제야 좀 진정이 돼요. 막스는 저의 이런 괴팍한 공격성에 화를 내기도 하지만 제게 사랑한다, 너를 아낀다, 너 말고는 세상 누구와도 함께 있기를 바라지 않는다고 말해 주거든요. 그렇게 싸웠다가 저의 요구로 막스의 사랑 고백을 들으며 싸움이 끝나요. 사랑 고백에 당장은 안심이 되지만 결국 저희 둘의 관계는 안 좋아지더라고요. 객관적으로 그 점을 알고 있지만 어쩔 수가 없어요. 제가 막스에게 '딱 맞는' 좋은 사람이 아니라는 두려움과 의심이 들었고 결국 그가 저를 떠날 거라는 확신이 들었어요.

치료를 받으면서 불안감이 어디서 비롯되었는지, 제 마음속 의심이 저를 정의하고 제 모든 걸 차지하고 있다는 사실을 이해하게 됐어요. 저는 사람들에게 사랑받을 가치가 없는 쓸모없는 소녀라는 말도 안 되는 방어 기제에 사로잡혀 있었어요. 막스가 저를 거부할지도 모른다는 두려움 때문에 저는 무의식적으로 모든 것을 미리 폭발시켰던 거예요. 이제 저는 나 자신에 대한 인식을 바꾸고 제 가치를 깨닫게 되었어요. 막스가 많이 도와줬고 저는 그 사람을 신뢰하고 그의 칭찬을 믿는 법을 배웠습니다. 시간이 오래 걸렸지만 결국에는 성공했어요."

부정적인 생각이 관계를 훼손한다

자신감이 부족하면 커플 간의 성생활에 영향을 미친다. 그리고 배우자에게도 영향을 미친다. 40세 기욤의 이야기를 들어보자.

"아멜리와의 관계는 서로에 대한 열망과 열정으로 아주 빠르게 시작되었습니다. 그 당시에는 아멜리가 절대로 옷을 다 벗으려 하지 않는다는 사실을 알아차리지 못했어요. 아멜리는 항상 작은 상의를 입고 있었고, 저는 그녀의 모든 곳을 만질 수 있었지만 그녀는 제가 그녀의 가슴 근처에 접근하는 걸 원하지 않았어요. 아멜리는 자기 가슴이 '달걀프라이 두 개'처럼 보인다고 생각했어요.

아멜리의 이런 행동을 처음에는 심각하게 받아들이지 않았어요. 얼마 지나지 않아 우리는 함께 살게 되었는데 아멜리는 여전히 제게 가슴을 드러낼 준비가 되어 있지 않았어요. 그 당시 저는 아멜리의 마음을 바꾸려 하지 않았지만, 제 마음속 깊은 곳에서는 좌절감과 집착이 커지고 있었죠. 그래도 그녀의 마음을 다치게 하고 싶지 않기 때문에 아무 말도 하지 않았어요.

우리 사이의 섹스는 너무 정해진 틀에 맞춰져 있었어요. 아멜리는 혹시라도 쾌락에 빠져 실수로라도 자기 가슴을 만지게 내버려둘까 봐 통제력을 잃는 것을 좋아하지 않았어요. 아멜리의 가슴 콤플렉스는 시간이 지나면서 더욱 심해졌습니다. 제가 혹시라도 몸매 칭찬을 하면 그녀는 화를 내며 거짓말이라고 소리를 질렀죠. 제가 이런 '문제'에 대해 이야기하려 하면 그녀는 이리저리 화제를 돌려 오히려 제가 문제라고, 제가 무리하게 기대하고 있다고, 아이들이 우리 이야기를 들을 수 있다고, 불편하다고 말했습니다. 저는 상처 받았어요. 저는 이상한 사람이 아니라 열정적이고 사랑에 빠진 사람이고 싶었으니까요.

우리 사이에는 아이가 없지만 아멜리에게는 전남편 사이에서 낳은 두 명의 아이가 있고, 제게는 전처 사이에서 낳은 한 명의 아이가 있어요. 그래서 아이들이 각기 다른 부모와 함께 있을 때면 우리 둘만 있는 경우가 꽤 있었어요. 그러나 몇 년이 지나자 이런 통제된 성생활이 저를 짓누르기 시작했습니다. 아멜리가 좋아하는 긴장된 분위기가 조성되어 있었고, 모든 대화가 진짜 문제를 숨기는 논쟁으로 끝났어요. 신체 콤플렉스 외에도 그녀는 열등감을 가지고 있었어요. 저는 항상 그녀의 끈기 있고 재미있고 통통 튀는 성격을 매우 자랑스럽게 생각해 왔어요. 그런데도 친구들과 함께 외출할 때면 그녀는 제게 마음이 편하지 않고 지적으로 부족함을 느낀다고 말하곤 했어요. 저는 이해하지 못했죠. 터키에서 휴가를 보낼 때 아멜리는 잠이 필요하다는 핑계로 트윈베드가 있는 방으로 예약했어요. 우리 둘 다 일이 힘들어서 피곤한 건 사실이었지만 트윈베드라니 너무 애들 같잖아요. 저는 위축된 기분이 들었습니다.

얼마 지나지 않아 그녀는 가슴 보형물 수술을 하기로 결정했다고 기뻐하며 제게 말했습니다. 그녀는 수술을 받고 난 후 마침내 제게 가슴을 보여주고 제가 가슴을 만질 수 있게 해줬어요. 하지만 그것은 마치 그녀의 몸에서 분리된 이물질을 만지는 것 같았어요. 그녀의 허락은 마치 아이에게 하는 것처럼 느껴졌어요. 이미 조금 늦어버린 거죠. 그리고 그다음 달 우리 관계는 끝이 났습니다."

● 사랑을 방해하는 장애물

여성들은 침대에서조차 압박감을 느낀다. 스스로 다른 여성과 비교하게 만드는 콤플렉스는 그들의 성생활에까지 영향을 미친다. 성학자이자 심리학자인 올리비아 벤아무 Olivia Benhamou는 인터뷰 중에 티펜의 사례를 언급했다. 티펜은 함께 산 지 10년이 된 남편 시몽과 함께 상담을 받았고, 둘 사이에는 네 살과 일곱 살 난 아이가 있었다. 두 사람 사이에 성 문제는 항상 민감한 주제였다. 티펜은 자기 몸이 너무 크다고 생각했고 스스로 자기 몸을 받아들이는 데 어려움을 겪고 있었다. 이 콤플렉스는 막내가 태어난 이후 더욱 심해졌다.

"그녀는 완전히 어두운 곳이 아니면, 그리고 잠옷을 입지 않고서는 남편 시몽과 일체의 신체 접촉을 거부했어요. 시몽은 티펜이 아이들과는 스킨십을 잘하면서 자신과는 그렇지 않다며 비난했어요. 시몽은 티펜의 콤플렉스 때문에 모든 성관계가 완전히 어두운 곳에서만 전희 없이 빠르게 이루어지는 것을 참기 힘들어했습니다. 티펜은 시몽이 자기 몸을 만지지 못하게 했고 삽입만 허용했어요. 티펜은 자신을 받아들일 수 없으며, 남편이 왜 항상 자신에게 끌리는지 이해하지 못하겠고, 남편이 '있는 그대로의 내 모습을 보면' 자신을 거부할까 봐 두렵다고 설명했습니다.

시몽은 티펜이 전반적으로 일상생활에서, 그리고 특히 성생활에서 더 주도적으로 행동하기를 원했어요. 티펜이 애정 표현을 전혀 하지 않아서 외로움을 느끼고 있다고 말했고요. 시몽은 언젠가 티펜이 자신에게 욕망을 느끼고 스스로 무엇을 원하는지, 자신이 어떤 걸 해주기를 바라는지 말해 주기를 바란다고 했어요. 하지만 티펜은 이해받지 못한다고 느꼈고 불안감이 커지면서 남편과의 사이가 점점 더 멀어졌죠. 그녀는 자신이 힘든 게 첫 남자 친구 때문이라고 생각했어요. 당시 남자 친구는 계속 티펜을 밀어내고 티펜의 외모(특히 가슴 크기와 모양)를 비난했어요. 티펜은 그때의 기억을 평생 잊을 수 없었고, 그래서 자신을 사랑하기 힘들어졌습니다."

티펜의 상황은 자신감이 무너졌을 때 나타날 수 있는 관계와 성생활의 어려움을 단적으로 보여준다. 자신감은 성적 만족에 필수적인 요소다. 유혹하고 욕망하고 쾌락에 이르기 위해서는 자신에 대한 신뢰와 타인에 대한 신뢰가 필요하다. 흥분과 이완이 함께 이루어지지 않은 상태로는 성생활을 제대로 영위할 수 없다. 최소한의 자신감도 없다면 어떻게 긴장을 풀고 파트너를 신뢰할 수 있겠는가? 그리고 어떻게 성적 친밀감을 공유하는 순간에 심리적으로 편안하고 열린 상태가 되어 욕망과 흥분을 느낄 수 있겠는가?

올리비아 벤아무는 다음과 같이 설명한다. "현대의 여성 성기능 장애 클리닉에서 여성들은 주로 욕망의 문제를 호소한다. 이는 성욕 부족, 성에 대한 전반적인 무관심, 환상의 부재, 양육 또는 출신 문화와 관련된 억제 등의 형태로 나타날 수 있다. 불안한 생각을 반복적으로 떠올리거나 일반적으로 자신이나 외부 문제에 대해 부정적인 생각만 하다 보면 섹스가 불가해진다. 이런 생각들은 성생활에 있어서 가장 큰 적이다. 사랑을 나눌 수 있으려면 '사랑을 나눈다는 생각을 해야' 한다. 자발적인 욕망(이상적이긴 하지만)을 이야기하지 않더라도, 육체적 사랑을 수용할 수 있는 조건을 만들 수 있다. 하지만 그러려면 먼저 원해야 한다."

여성들의 성적 경험을 살펴보면 종종 어릴 때부터 시작된 완벽하지 않은 자신에 대한 혐오의 역사를 발견할 수 있다. 자기 신체에 대한 콤플렉스(너무 뚱뚱하다, 너무 말랐다, 몸매가 너무 굴곡지다, 몸매가 너무 밋밋하다 등)나 가족 내 다른 여성들로부터 물려받은 성에 대한 경시적인 담론이 내면화되면서 혐오가 비롯된 경우가 많다. 당신이 '그것'을 좋아한다면 그다지 존경받을 만한 사람이 아니다라는 생각을 하게 된다. 이런 여성들의 성생활은 때로는 너무 이른 시기에 시작되거나(항상 동의하에 이루어진 것은 아니다) 반대로 매우 늦게 시작되는 경우도 있다. 오랫동안 독신으로 지냈거나 파트너가 거의 없었다는 사실도 경험 부족에서 비롯된 불확실성과 불안을 유발할 수 있다. 이는 성관계에 대한 두려움을 유발하고 성을 긍정적으로 바라보는 시각에서 더욱 멀어지게 한다. 그들은 종종 스스로 '좋은 짝'이 아니라고 생각하며 상대방에게 즐거움을 줄 수 없고 스스로 욕망의 대상이 될 수 없다고 생각한다.

9

나와는 다른 아이로 키우는 일

> 모든 어린 소녀들에게,
> 여러분이 소중하고 강력한 존재라는 것을 의심하지 마세요.
> 여러분은 이 세상의 모든 기회를 누릴 자격이 있습니다.
> 그러니 꿈을 따라가세요!
> **-힐러리 클린턴**

아이들의 가능성은 무한하다

자신감이 부족했던 사람이라면 부모가 된 날부터 자녀가 아들이든 딸이든 상관없이 그런 경향을 뒤집고자 할 가능성이 높다. 많은 심리학자가 어린 시절이 결정적인 역할을 한다는 데 동의하는 만큼, 이 시기를 자신감을 키우는 비옥하고 적합한 토양으로 만들기 위해 노력할 것이다.

● 부모의 실수를 통해 배우기

젊은 부모들은 자기의 부모가 했던 비난의 말이나 행동을 종종 자신도 모르게 그대로 반복하고 있다는 사실을 깨닫는다. 우리는 부모의 실수를 반복할 운명인 걸까? 우리의 완벽하지 못함에 대한 두려움과 그로 인해 무너진 자신감을 자녀들에게 물려줄 운명인 걸까? 부모가 되면 다시 어린 시절로 돌아가 자기 역사 속 특정 부분을 재현하게 된다. 자신의 성장 과정과 부모와의 관계로 인해 들었던 특정한 말과 행동을 내면에 새긴다. 이를 인지하지 못한 채 이런 패턴을 반복하거나, 인지하고는 반대로 행동하려 노력한다. 즉, 180도 방향을 바꿔 자존감과 자신감에 대해 심사숙고한 뒤 나의 자녀를 다르게 키우려 노력한다. 하지만 이를 위해서는 자기 성찰이 필요하지만 모든 사람이 그럴 수 있는 것은 아니다. 종종 현실은 더 미묘하다.

● 아이들의 고유성 인식하기

임상 심리학자이자 아동·청소년 전문가인 로랑스 구텐마허 Laurence Gutenmacher는 자녀의 자신감을 키우는 데 도움을 줄 수 있는 '조건화'와 방법에 대해 다음과 같이 설명한다.

> 자녀를 자신감 있게 키우려면 자녀가 나의 아이이지만 나의 연장선이 아니라는 사실을 인식해야 한다. 자녀를 그 자체로 하나의 독립된 인격체로 인정하며 아이의 모든 자질과 단점, 고유성을 있는 그대로 바라봐야 한다. 자녀의 성격을 파악

하고 자기 자신이 되도록 도와주고 잘 성장할 수 있도록 옆에서 지켜보아야 한다. 이렇게 함으로써 자녀는 성별에 따른 특정 기대나 범주에 맞춰 분류하는 사고방식에서 벗어나 새로운 관점을 가질 수 있다. 아이에게 자기 자신이 될 수 있는 자유를 주면 아이는 자기 모습과 조화를 이루고 편안함을 느끼며 있는 그대로 받아들여진다고 느끼는데, 이 점은 필연적으로 자신감으로 이어진다.

나는 성별을 고려하지 않고 자녀를 교육해야 한다고는 생각하지 않는다. 우리는 사회 속에 살고 있고 사회의 흐름에 역행하지 않을 것이며 생물학적, 생리적 차이를 거스를 수 없기 때문이다. 그렇지만 다른 한편으로는 여자들에게 다른 것에 접근할 수 있는 자유를 주는 것, 가령 원한다면 권투선수가 될 수 있다고 말해 주는 것이 중요하다. 물론 그것이 그들에게 맞는다면 말이다.

● 성별에 대한 고정관념 깨기

성별 차이는 여러 가지 고정관념화된 이미지로 나타난다. 예를 들어 앞치마는 어머니를 상징하고 안경은 지능이나 나이를 의미한다. 안락의자는 가부장적 권위와 일과를 마친 후의 휴식을 상징한다. 여성은 아름답거나 지적인 존재다. 신문과 책가방 등 모든 것에 성별과 관련된 의미가 있다. 한 연구에서 아이들에게 성별을 특정할 수 없는 곰 그림에 특징을 부여해 보여주었는데, 아이들은 여전히 고정관념을 따라 곰을 성별화해 인식했다.

다른 연구에서도 남자아이와 여자아이 사이의 비대칭성이 확인됐다. 초창기 디즈니 공주(청소를 좋아하는 백설공주, 무도회와 화려한 옷을 꿈꾸는 신데렐라) 이후 성별 묘사와 표현이 개선된 것은 사실이나, 오늘날에도 여전히 여자아이는 수동적이고 집안에 머무르면서 남동생이나 자매를 돌보며 부드럽고 모성적인 모습을 보이는 것으로 묘사되는 반면, 남자아이는 야외 활동을 많이 하며 가족보다는 친구와 함께하고 종종 장난을 치는 모습으로 묘사되는 경향이 있다. 이런 조건화 속에서 자랐다면 대담하고 개방적으로 세상을 탐험하겠다는 마음을 먹기란 쉽지 않다.

더 놀라운 점은 따로 있다. 각각의 성별을 구현하기 위해 선택된 동물의 유형 또한 차별적 가치를 전달한다. 아동이나 청소년 도서에 등장하는 남성 캐릭터는 곰이나 사바나 동물, 늑대 등 힘이 세거나 어린아이들의 집단적 상상력에 더 많이 등장하는 동물의 모습으로 나타나는 경우가 더 많다. 반면에 여성 캐릭터는 쥐나 말벌처럼 작은 동물이나 곤충으로 묘사되는 경우가 더 많다는 것이다. 생쥐, 말벌, 작은 동물… 귀엽고 비교적 무해한 이 동물들은 그 동물과 자신을 동일시하는 어린 소녀들에게 폭풍 같은 자신감을 심어주기에는 역부족이다. 요약하자면 작은 동물들은 오히려 소극성을 유도한다.

● 안정감 주기

아이들에게서 자신감 부족은 왜 나타나고 어떻게 나타나는가? 여기에는 두 가지 상황이 있을 수 있다. 예를 들어 엄마가 아프거나 우울하거나 또는 물리적으로 부재 상태여서 '제대로 된 역할을 하지 못할 때' 그 결과로 애착 장애가 발생한다. 구텐 마허는 다음과 같이 설명한다. "애착 측면에서 엄마가 제대로 된 역할을 다하지 못할 때 아이들의 발달에 문제가 생길 수 있다. 아이들은 안정감을 주는 엄마에게 신뢰감을 느끼는데 엄마가 그 역할을 다하지 못하면 엄마와 자신을 동일시할 수 없기 때문이다.

가정에서는 모두가 각자 역할이 있다. 엄마는 엄마 역할을 맡아야 하고 때로는 아빠가 엄마에게 그 역할을 부여해야 한다. 그 역할이 반드시 고정된 것은 아니다. 중요한 것은 각자 자기 자리를 가져야 한다는 것이다. 엄마와 아빠, 아이가 제자리를 찾으면 신뢰가 형성될 모든 조건이 갖춰졌다고 볼 수 있다."

엘로이즈의 사례를 살펴보자. 엘로이즈는 여덟 살이고 친구가 많지 않다. 엄마와도 사이가 좋지 않다.

"저는 아빠와 함께 있는 게 더 좋고 항상 아빠랑 있어요. 엄마는 친절하지 않고 항상 안 된다고 말해요." 엘로이즈의 엄마는 엘로이즈가 태어났을 때 우울증을 겪었다. 아빠가 엄마 역할을 대신했지만 규칙을 정하는 방법을 몰랐다. 엘로이즈는 자라면서 엄마를 배제했다. 엄마를 믿지 못한 것이다. 엘로이즈는 엄마가 다시 자신을 떠날까 봐, 다시 아플까 봐 무서웠다. 엄마를 밀어내면서 자신을 보호한 셈이다. 유대감을 형성하기가 어려웠다. 엘로이즈의 엄마는 자기 자리를 찾지 못해 힘들어했다.

일상생활에서 아이의 첫 관계는 양육자인 엄마와 형성된다. 아기는 먹고 자는 주요 생리적 욕구가 있다. 정서 발달의 첫 단계에서는 생리적인 것 외에도 많은 것들이 작용한다. 엄마가 아이에게 젖을 먹일 수 없거나 아이가 젖을 먹이고 싶어 하지 않을 경우 엄마는 죄책감을 느낀다.

엘로이즈의 경우, 어머니는 엘로이즈를 안심시키지 못했거나 의도치 않게 엘로이즈의 요구를 충족시키지 못했을 수 있다. 관계에 결함이 있고 관계가 제대로 형성되지 않았다. 아버지는 매사에 '예스'라고 말하기 때문에 엘로이즈는 좌절에 대처하는 법을 배우지 못했다. 이렇게 양극단의 상황에서는 균형을 다시 찾아야 한다. 어머니는 자신에게 책임이 있다는 사실을 알고 죄책감을 느끼고 있었고 죄책감 때문에 딸에게 다가가지 못했다. 엘로이즈는 엄마가 또 엄마의 역할을 다하지 않을까 봐 두려워서 엄마에게 다가가고 싶어 하지 않았다. 그렇지 않을 수 있다는 걸 시험해 본 적이 없었기 때문이다.

엄마와 딸 둘 다 노력이 필요했다. 엄마는 딸이 자신을 필요로 하고 딸에게 엄마가 되어 줄 수 있고 딸과의 관계를 바꿀 수 있다는 점을 이해해야 한다. 관계가 안정적이려면 엘로이즈가 안전하다고 느껴야 한다. 서로에게 다가가고 안아주는 일을 받아들여야 한다.

자신감이 부족한 부모는 본인의 자신감 부족을 자녀에게도 전달할 수 있다. 자녀의 자신감을 기르는 데 필요한 코드를 어떻게 전달해야 하는지 알고 있다는 보장이 없기 때문이다. 그러나 이 모든 것은 자녀의 성격과 아버지의 영향으로 조절되고 완화될 수 있다. 이에 대해 구텐마허는 다음과 같이 설명한다.

> 엄마에게 결함이 있더라도 어떤 아이들은 자기 자리를 찾는다. 그런 다음 우리는 아이들이 자신의 본모습을 찾도록 도울 수 있다. 자신의 본모습에 충실하고, 자신과 맞지 않는 틀이나 기대에 맞추려고 하지 않으면서도 사회적으로 허용되는 규범을 지키려고 노력하는 과정에서 자신감이 생길 수 있다. 나는 0세에서 6세 사이의 유아기에 엄마가 충분히 안정감을 줄 수 있는 존재였다면, 어떤 발달 단계에서든 아이에게 자신감을 줄 수 있다는 사실을 발견했다.

마음이 놓이는 사실은 아이들에게는 자기만의 시간이 있기 때문에 아이의 자신감은 완전히 회복될 수 있다는 것이다. 일생을 놓고 봤을 때 3주, 6개월, 1년의 공백이 무슨 의미가 있겠는가? 우리는 균형 잡힌 성인으로 성장할 수 있다. 정해진 것은 아무것도 없고, 고정된 것도 없으며, 아이들은 무언가 잘못되면 자신감을 잃고 발달이 저해될 수 있지만 일단 문제가 해결되면 계속 성장한다.

아버지의 역할 재설정하기

자신감을 형성하는 과정은 어머니가 만들어낸 유대감을 훨씬 뛰어넘는 것으로, 여기에는 사회와 아버지의 역할이 중요하다. 아버지나 가족 내 다른 남성이 여성을 낮춰보거나 아내나 동반자의 자질과 가치를 존중하고 인정하지 않는다면, 자녀들은 이 구조를 내면화하게 되고 이는 아이의 내재적 자신감 발달을 저해할 수 있다.

브리티시컬럼비아대학교 심리학과 토니 슈마더Toni Schmader, 카타리나 블록Katharina Block, 앤드루 바론Andrew Baron 교수의 연구에 따르면, 가사를 돕는 아버지는 딸을 덜 전통적이고 잠재적으로 더 나은 보수를 받는 직업을 꿈꾸는 사람으로 키울 가능성이 더 높다고 한다. 즉, 부모가 가사를 어떻게 분담하느냐가 성별을 대하는 딸의 태도와 포부를 정의하는 데 중요한 역할을 한다는 것이다. 어머니의 개인적, 직업적 평등에 대한 신념이 자녀의 태도를 예측하는 데 중요한 요소이긴 하지만, 딸의 직업적 야망을 결정하는 가장 중요한 요인은 가사를 대하는 아버지의 태도라는 뜻이다.

결론적으로 딸이 야망과 자신감을 키우길 원하는 엄마라 남편에게 설거지와 세탁, 청소 등 집안일을 적극적으로 하라고 해야 한다.

● 긍정적인 상호작용 하기

그다음은 학교다. 여학생이 더 똑똑하다는 것은 더 이상 입증할 필요가 없지만(모든 서구 국가에서 여학생이 남학생보다 더 많은 학위를 취득하고 있다), 그렇다고 해서 여학생이 반드시 나중에 책임감이 큰 직책에 오르는 것은 아니다. 학교 교과서에는 여전히 성별에 관한 진부한 표현이 등장하고 있고 여성들도 고정관념에서 벗어나지 못하고 있다.

"초등학교 1학년 읽기 책을 보면 요리하거나 청소하는 인물의 70퍼센트가 여성이고, 과학 직종에서 활동하는 인물 중 여성은 3퍼센트에 불과하다"고 양성평등 고등위원회의 다니엘 부스케 위원장은 지적한다.

"학교에서 교사와 상호작용을 하는 학생의 56퍼센트는 남학생이며, 이는 남학생에게 유리하고 여학생에게는 불리하게 작용한다. 언뜻 보기에 진로 선택은 매우 개방적으로 보일 수 있지만, 사실 여학생의 경우 선택할 수 있는 범위가 더 제한적이다.

학교에서 여학생들은 남학생들보다 학업 성취도가 높음에도 불구하고, 더 제한된 범위의 과목에 집중하고 교사로부터 과학 분야를 선택하도록 충분히 권유받지 못한다. 실제로 고등학교 1학년이 끝나면 남학생 열 명 중 일곱 명은 이과로, 여학생 열 명 중 네 명은 문과로 진학한다. 양성평등 고등위원회는 이런 성차별적 사고가 계속 이어지는 것은 온전히 교사의 탓으로 볼 수 없고 무의식적으로 이루어지는 것이기 때문에 이 주제에 대해 지속적인 노력을 통해서만 실질적인 결과를 얻을 수 있다는 점을 분명히 한다."

요약하자면 일련의 상호작용이 영향을 미친다. 가족 간의 유대, 부모와 자녀의 관계, 교육, 아이들 주변의 어른들, 특정 역할(앞치마를 두르고 케이크를 굽는 어머니 등)에 여아를 가두는 다소 폄하적인 담론들, 마지막으로 여아에게 특정 자유와 특정 꿈을 부여할 수도 있고 부여하지 않을 수도 있는 사회 등이 모두 영향을 미친다.

구텐마허는 "내가 자신감이 부족하다는 사실을 자각하는 순간, 우리는 이미 이 '결함'을 해결하고 있는 셈이다. 우리는 이제 우리의 장점을 부각시키기만 하면 된다. 이에 대한 인식 자체가 이미 문제를 해결하고자 하는 의지가 있다는 것이다"라고 말한다.

나는 좋은 부모일까

1970년 미국의 심리학자 피츠휴 도드슨Fitzhugh Dodson은 《어떻게 부모가 될 것인가How to parent》를 출간했다. 세계적인 베스트셀러인 이 책에서 도드슨은 자녀 양육에 있어 언어의 중요성을 강조했다. 프랑수아즈 돌토 역시 언어가 모든 것이라는 점에는 동의했지만, 중요한 모든 변화는 6세 이전에 일어난다고 믿었다. 아동 정신과의사 마르셀 루포Marcel Rufo는 그 같은 주장은 지나치게 단정적이고 되돌릴 수 없는 최종 판결처럼 보인다며 아이들에게는 두 번째, 심지어 세 번째 기회가 있다고 말한다.

오늘날 소아정신과 의사들은 돌토의 여러 원칙은 물론 6세 이전에 모든 것이 결정된다는 원칙도 거부한다. 하지만 일반적으로 가족 관계, 특히 부모와의 관계가 자녀의 자신감 발달에 중요하다는 점에는 모두 동의한다. 그리고 자신감을 심어주는 것은 종종 언어를 통해 이루어지지만 억양과 의도, 단어 선택, 심지어 자세까지도 영향을 미친다고 한다.

정서 및 사회 신경과학의 발전과 최근 과학적 발견 덕분에 이제 교육의 역할이 얼마나 중요한지, 우리의 말과 행동이 아이의 뇌에 어떤 영향을 미치는지 훨씬 더 잘 이해할 수 있게 됐다. 우리는 아동의 모든 경험이 뇌와 연결되고 작동하는 방식을 결정한다는 것을 알고 있다. 그렇기 때문에 우리는 가족 내에서, 그리고 사회적으로 반복되는 패턴을 재현하지 않기 위해 자녀, 특히 딸에게 사용하는 단어와 그 사용 방식에 주의를 기울여야 한다. 이것이 바로 긍정적인 훈육의 핵심이고, 이 교육에서 중요한 것은 우리가 집중해야 할 것, 즉 자신감을 키우는 데 도움이 되는 것이 무엇인가 하는 점이다.

우리는 아이들에게 제한을 두는 것이 아니라 자원을 제공하는 데 중점을 두어야 한다. '안 돼'라고 말하는 대신 아이에게 어떻게 해야 하는지 가르쳐주려고 노력해야 한다. 조건 없이 존중하고 격려하는 부모가 빛나는 자녀를 만든다. 사진작가이자 감독으로 활동하고 있는 소니아 시프Sonia Sieff의 인터뷰를 살펴보자.

> "아버지와 어머니는 저의 모든 차이점, 심지어 신체적 특징까지도 장점으로 만들어 주셨어요. 저는 스스로 '나는 너무 말랐어', '나는 코가 커'라고 말한 적이 없어요. 부모님은 결점이 될 수 있는 어떤 것도 지적하지 않으셨어요. 두 분의 시선을 통해 부모님은 제가 다른 사람과 달라도 그 점을 인정하고 다르게 존재할 수 있도록 격려해 주셨고, 그 덕분에 저는 자신감을 가지게 되었어요. 두 분이 보기에 제가 쓰는 모든 글은 환상적일 수밖에 없고, 제가 하는 모든 일은 당연히 훌륭하고, 최악의 경우라고 해봐야 놀라운 수준이라는 거였어요. 부모님이 얼굴을 찡그리는 걸 처음 본

건 제가 술집 손님들을 찍은 사진을 보여드린 날이었던 것 같아요. 아버지는 요약하면 '괜찮다만, 열여덟 살이 되어도 유럽사진박물관에서 전시회는 못 할 것 같구나'라고 말씀하셨죠.

저는 정말 이 세상의 여왕이 된 기분이 들었고 자신감이 넘쳤지만 의구심이 사라지지는 않았어요. 지금도 저는 본질적인 것에 대해 의문을 제기하는 사람을 만나면 그의 이야기를 듣기는 하지만 한 귀로 듣고 한 귀로 흘려버려요. 건설적인 조언이라면 받아들이지만 순전히 저를 흔들려는 목적이라면 무시해 버립니다. 제 자신감은 부모님과 부모님의 교육 덕분이고, 저는 부모님께 제 자신감의 토대를 빚고 있죠. 물론 저는 인생이 환상적일 거라고 생각했지만 십대 후반이 되었을 때 사람들이 비열하고 심지어 잔인할 수도 있다는 사실을 알게 됐어요. 저는 유감스럽게도 현실이 아닌 완충재로 둘러싸인 아름다운 거품 속에서 자랐다는 사실을 깨달았습니다.

제 자신감이 마음속 의심을 가리기 위한 허울뿐이었다면요? 저는 통찰력이 뛰어난 편이에요. 그래서 '통찰력은 태양에 가장 가까울 때 입게 되는 상처다'라는 르네 샤르의 명언을 제 것으로 만들었습니다. 저는 발전하기 위해 능력을 연마해야 할 때를 알고 끊임없이 스스로 평가하고 나 자신뿐만 아니라 다른 사람들과도 타협하지 않고 규율을 지키고 열심히 노력하지만 너무 무겁지도 않아요. 저는 이 모든 것들의 마법 같은 조합을 믿어요. 위대한 사람들은 모든 일에 얼마나 많은 연구와 생각과 노력을 기울였는지 보여주지 않잖아요. 탭댄서처럼 노력을 숨기고 우아하게 삶을 마주하려 하죠. 제 안에는 아버지의 모습이 많이 있어요. 저는 정말 운이 좋았어요!"

● 긍정 훈육의 새로운 발견

공인된 라이프 코치이자 긍정의 훈육 촉진자 자격을 갖춘 카롤린 플림랭Caroline Pflimlin은 부모 코칭 워크숍을 운영한다. 네 살 난 딸을 둔 엄마로서 긍정적인 훈육 방법을 발견한 그녀는 부모의 양육 방식이 아이에게 영향을 미친다는 사실을 깨닫고, 아주 간단한 도구를 사용해 부모의 역할을 이론적이고 체계적으로 분석하고 이해할 수 있다는 사실에 기뻐했다. "직장에서는 급여나 평가, 격려를 통해 '보상'을 받지만, 부모로서 내가 하고 있는 일이 장기적으로 옳고 적절하며 효과적인지 어떻게 알 수 있을까요? 아무도 나를 평가해 주지 않잖아요."

플림랭은 개인 심리학의 아버지인 알프레드 아들러의 이론에 기반한 양육 방식인 코칭과 긍정적 훈육에 대한 교육을 받기로 결정했다. 그녀는 이 접근법의 핵심을 우리에게 설명해 주었다.

저는 결함을 통해 빛을 볼 수 있다고 믿습니다. 부모가 되어도 우리는 준비가 되어 있지 않아요. 긍정적인 훈육 방식은 제 눈을 뜨이게 만들어줬어요. 아이에게 다른 방식으로 말할 수 있고, 말하는 방식과 사용하는 단어가 실제로 아이의 자신감을 키우는 데 중요한 역할을 한다는 사실을 발견했기 때문이죠. 또 자기 장단점을 모두 사랑할 때 사회에서 정당한 위치를 차지하고 있다고 느끼게 됩니다. 전에는 그런 말을 들어본 적이 없었어요. 그런데 갑자기 다른 언어를 발견하게 된 거죠. 부모 교육 워크숍에서 우리는 항상 프랑스어를 사용하고 동일한 단어를 사용하지만 동일한 언어를 사용하는 게 아니에요. 그래서 새로운 언어를 배우는 것이나 마찬가지입니다. 우리의 부모님은 우리에게 그런 식으로 말하지 않았기 때문에 학습 과정이 더욱 낯설고 어려울 수 있어요. 그래도 우리가 아이들과 그렇게 말하다 보면 아이들이 부모가 되었을 때 그 아이들은 새로운 언어를 배울 필요가 없습니다. 이미 그 언어와 도구를 알고 있으니까 자연스럽게 사용할 수 있을 것입니다.

● 단호함과 배려가 공존하는 민주적 교육 방식

양육 방식에는 여러 가지가 있는데, 가장 일반적인 것은 권위주의적 양육 방식과 허용적 양육 방식이다. 권위주의적 양육 방식에서는 부모가 엄격하다. 자녀가 따르도록 명령을 내린 후 결과에 따라 보상이나 처벌을 내린다. 반대로 허용적인 양육 방식은 자녀에게 제한 없이 많은 자유를 준다. 부모는 굴복하거나 포기하고 아이에게는 일정한 지침이 부족하다.

오늘날 우리는 공감 없이 체벌하는 교육이 얼마나 위험한지 잘 알고 있다. 특히 체벌로 인한 감정은 스트레스 회로를 자극해 아이가 자기가 한 일을 반성하는 것을 방해하기 때문이다. 아이는 무엇 때문에 체벌을 받았는지를 기억하는 것이 아니라 스트레스와 두려움, 분노를 기억한다. 그리고 우리는 스트레스가 아이들에게 얼마나 큰 영향을 미칠 수 있는지 알고 있다.

카트린 게겐Catherine Gueguen은 "우리가 아이에게 체벌을 가할 때마다 모욕감과 고통을 주게 되는데, 이는 아이 뇌의 정상적인 기능을 방해한다"라고 말한다. 심지어 부모가 자녀를 신체적 또는 정신적으로 학대하는 것은 나라마다 차이는 있지만 법적으로 처벌받을 수 있다.

긍정적인 훈육에서는 민주적인 측면을 추구한다. 첫째는 상대방의 생각을 중요하게 여기는 것이고, 둘째는 자녀가 자유와 한계 사이의 균형을 이해하도록 돕는 것이다. 민주적 방식은 단호하지만 배려하는 접근법을 옹호하기 때문에 '또는'이 아니라 '그리고'라는 방식으로 이루어진다. 단호함과 배려는 마치 들숨과

날숨 같아서 둘 중 하나를 선택하는 것이 아니라 둘 다 있어야 살아갈 수 있다.

● 자아를 형성하는 신념

긍정적인 훈육의 핵심은 무엇일까? 단호함과 배려로 교육하되 '신념'이 무엇인지 이해하는 것이다. 플림랭은 이렇게 말한다.

> 어린 시절부터 우리는 부모님이 우리에게 말하는 것이 옳고 진실이라고 믿습니다. 우리는 부모님이 우리를 어떻게 보는지에 따라 조금씩 세상을 이해하게 됩니다. 예를 들어 '넌 천사야, 너와 함께 시간을 보내니 너무 좋다'라는 말을 들을 때 우리는 '나는 좋은 사람이다'라는 메시지를 올바르고 정당하다고 해석합니다. 누군가 '이 일은 정말 힘든 일이었는데 넌 정말 잘 해냈어. 네가 해낸 거야. 어려운 일이었는데 넌 이 일을 해낼 능력이 있어'라고 말한다면 그 메시지는 내면화되고 이런 메시지가 합쳐져서 신념을 형성합니다. 그리고 이런 신념을 바탕으로 우리는 세상을 바라보는 우리만의 시각을 구축하죠. 따라서 어린 시절에 형성된 자아에 대한 가치관은 장기적으로 영향을 미치는데, 예를 들어 회사라는 세계에서 어떤 성인이 될지를 결정합니다.

● 권위와 방임의 역효과

부모가 무조건 권위주의적인 방식을 사용하면 아이의 두려움과 죄책감이 커질 수 있다. 자신감이라는 주제로 돌아가 보면, 권위주의적 방식은 역효과를 낳는 양육 방식이다. 남아든 여아든 아이는 더 이상 사랑받지 못할까 봐 두려워서 자기가 원하는 바를 주장하고 거절하는 것을 어려워할 수 있다. 앞서 살펴본 것처럼 체벌은 자존감을 떨어뜨리고 아이에게 스스로 '좋은 사람'이 아니라는 생각을 심어줄 수 있다. 또는 원하는 것을 얻기 위해 지배자가 되려고 할 수도 있다. 권위적인 방식으로 원하는 것을 얻는 법을 배웠기 때문이다.

플림랭은 "허용적인 양육 방식에서는 아이가 스스로 규칙 위에 있다고 생각하며 좌절과 노력을 참기 어려워해요. 주변 사람들의 필요는 전혀 고려하지 않고 자기가 세상의 중심이라고 생각하죠. 역설적이게도 허용적인 양육 방식에서도 아이는 걱정을 할 수 있는데, 그 걱정은 부모가 자기를 재워주지도 못하는데 집에 도둑이 들면 어떻게 자기를 지켜줄까 같은 거죠"라고 말한다.

● 그룹에서의 역할과 소속감

부모의 양육 방식이나 강요와 신념 외에도 긍정적인 훈육에서는 어떤 그룹 안에서의 소속감이 중요하다. 가족은 아이가 접하는 첫 번째 그룹이다. 플림랭은 다음과 같이 설명한다. "우리가 자기 장단점과 함께 소속감을 느낄 때, 가족 내에서 어떤 역할을 할 때 그 느낌은 회사와 세상에서도 비슷한 방식으로 영향을 미친다. 예를 들어 영화 〈코러스〉를 보면 모든 아이가 노래를 부를 줄 아는 것은 아니다. 다른 아이들보다 훨씬 어린 한 아이에게는 악보를 들고 다니게 하는 역할을 부여함으로써 그 아이를 그룹에 포함시킨다. 아이가 올바른 표현을 통해 자신도 가족의 원활한 운영에 뭔가 기여할 수 있다는 것을 이해하게 하는 것이 중요하다."

아이와의 애착 형성 정도만큼이나 언어는 중요하다. 단순히 머리만으로는 아무것도 바로잡을 수 없고 자녀가 이해하도록 만들 수 없으므로 마음으로 소통하는 것이 중요하다. 공감하며 대화하는 것이 모든 소통의 열쇠다.

● 존중과 공감의 거울 효과

공감은 모든 관계의 시금석이며 교육의 핵심이다. 공감하는 부모는 자신의 감정을 인식하는 방법을 알고 있다. 내 아이의 특정 행동 앞에서 나는 왜 이런저런 방식으로 반응하는지를 아는 것이다. 이렇게 자기 자신에 대한 공감을 통해 자녀와도 공감할 수 있으며, 자녀의 감정을 느끼고 이해할 수 있으므로 자녀를 더 잘 도와줄 수 있다.

플림랭은 다음과 같이 설명한다. "예를 들어 아이가 학교에서 돌아왔을 때 '피곤하지? 그 마음 알아(인정). 간식 먹고 숙제할래, 아니면 숙제하고 간식을 먹을래(선택)?'라고 말할 수 있다. 아이의 입장에서 생각하고 공감하기 때문에 아이와 연결될 수 있다. 부모의 역할 중 80퍼센트는 애정이고 20퍼센트는 길을 보여주는 것이다. 애정이 있으면 가족 내에서 어려움이 있더라도 문제를 해결하기가 더 쉬워진다."

아이에게 모욕감을 주지 않는 것이 중요하다. 부모로서 우리가 보여주는 존중에 따라 자녀가 자기 자신에게 하는 존중이 결정된다. 플림랭은 다음과 같이 말한다. "번아웃을 겪거나 회사에서 불편한 상황이 생긴다면 '다른 사람들에게 저런 식의 말을 들을 이유가 없어'라든지 '저녁 7시에 일을 주고는 다음날까지 해달라는 말은 용납 못해'라고 말하지 못했기 때문은 아닐까? 어렸을 때 존중받는 법을 배우지 못했다면, 우리의 선택과 역량을 인정받지 못했다면 어떻게 자신을 존중할 수 있을까?"

개성을 존중받지 못한 아이들은 어른이 두려워서, 지나치게 권위적인 반응이 두려워서 다른 사람을 기쁘게 하는 것만을 최우선의 목표로 두고 삶을 살아간다. 그리고 스스로를 중요하지 않다고 생각하게 된다. 그렇다면 아이가 부적절한 행동을 한다면, 즉 '멍청한 짓을 한다면' 어떻게 해야 할까? 아이의 행동을 용납할 수 없다고 단호하게 표현할 수는 있지만 아이를 평가하지는 말아야 한다. 그렇게 함으로써 아이는 자기 행동이 용납될 수 없다는 점을 이해하면서도 부모로부터 굴욕감을 느끼지 않을 수 있다. 그리고 아이가 훗날 어른이 되어 같은 상황에 처하게 된다면 다른 사람과 함께 있을 때 아무 말도 하지 않거나 공격적이거나 모욕적인 언사를 보이는 대신 자신의 생각이나 의견을 표현할 수 있을 것이다.

● 중요한 것은 신념

다시 신념 이야기를 해보자. 모든 아이는 어렸을 때부터 형성된 자기 신념에 따라 세상을 바라보는 비전과 해석을 발전시킨다. 앞으로 어떤 행동을 하느냐는 자기 가치와 사회의 기능에 기여할 수 있는 능력을 어떻게 인식하느냐에 따라 달라진다. 신념은 눈에 보이지 않는 생각과 감정을 만들어내고, 이는 다시 특정 행동과 그로 인한 가시적 결과를 초래한다.

플림랭은 "여자아이에게 '계속해 봐! 잘하네! 넌 할 수 있어! 널 믿어'라고 말하면 아이는 누군가가 자신을 믿고 있다는 확신과 스스로 해낼 수 있다는 믿음을 받아들여 자기 것으로 만들 거예요. 반대로 '여자아이가 이걸 한다는 건 쉽지 않지만, 한번 해 봐. 두고 보면 알겠지'라든지 '네 오빠/동생이 병을 따게 놔둬, 너보다 힘이 세니까'라고 말하면 아이는 여자라는 것이 이점이 아니라고 해석할 거고요. 긍정적이거나 부정적인 신념(제한적 신념이라고 함)은 비합리적인 측면이 있습니다. 제가 진행한 워크숍에서 한 키 작은 참가자는 아버지로부터 '키 작은 여자아이들은 똑똑해'라는 말을 들었다고 했습니다. 누가 그 반에서 1등을 했을까요?"라고 말한다.

신념은 행동을 이해하고 조정하는 필수 요소다. 그리고 기질, 유전, 가족 내 위치, 환경, 남자아이와 여자아이에게 부여된 역할도 중요하다. 우리는 부모로서 우리의 선입관이 자녀의 행동을 결정짓거나 정당화하는 일이 없도록 주의해야 한다. 우리가 아이들과 대화하는 방식을 인식하는 것만으로도 이미 중요한 첫걸음이 된다. 플림랭은 우리에게 워크숍 참가자들의 이야기를 들려주었다.

> 집으로 돌아오면 항상 이렇게 묻는 아버지가 있었어요. '아들들, 숙제 다 한 사람?' 아이들 중 유일한 딸은 이 말을 계속 듣고 자라면서 무슨 생각을 했을까요? 오늘 이 질문을 해봤어요. 그녀는 어렸을 때 공부는 남자아이들만 하는 거라고 생각했다고 합니다. 그래서 그녀는 나중에 공부를 하지 않았습니다.
>
> 영화를 보고 나오면서 여자아이가 부모에게 '영화에서 남자아이가 나무에서 떨어졌을 때 울었어요'라고 말합니다. 부모는 '나도 그랬어! 슬펐지?'라고 대답합니다. 같은 영화를 보

고 나온 또래의 남자아이가 눈을 비빕니다. 아이의 부모는 킥킥거리며 '왜 울어? 넌 다 큰 남자잖아. 그냥 영화일 뿐이야!'라고 말합니다.

이때 아이들은 자신의 감정을 표현하는 것이 여자아이에게는 정상적이지만, 남자아이에게는 그렇지 않다는 믿음을 받아들이게 됩니다. 부모는 무의식적으로 이런 행동을 하지만 장기적으로 어떤 결과가 나타날지 예상하지 못합니다. 따라서 새로운 언어를 배울 때와 마찬가지로 아이들에게 말하는 방식에 주의를 기울이는 것이 가장 먼저 해야 하는 중요한 일입니다.

● 조용한 교육

그러면 어떻게 해야 할까? 자녀에게 숙제를 했는지 묻는 아버지의 경우에는 단순히 모든 형제자매를 포함해 물으면 된다. 영화관에서 나올 때 여자아이가 느끼는 감정이 옳은지 평가하기보다는 그저 '적극적으로 듣기'를 하면 된다. 즉, 자녀가 느낀 것을 평가하지 말고 그 감정을 자신의 말로 표현하면 된다. 경청은 조언보다 더 중요하다. 조언은 아이가 문제를 해결하는 데 도움이 되지 않지만, 아이의 말을 경청하면 아이에게 생각할 여지를 줄 수 있다.

능동적 경청은 아이의 감정을 인정하고 존중해 스스로 해결책을 찾을 수 있도록 도와줌으로써 자신감을 높여주는 방법이다. 경청의 첫 번째 단계는 신체 언어를 사용해 경청하고 있다는 것을 보여주는 것이다(아이 쪽으로 몸을 숙이거나 아이 옆에 앉기). 어떤 경우에든 하던 일을 멈추고 아이를 바라보자. 두 번째 단계는 아이가 사용하는 단어에 귀를 기울이고 아이가 '느끼는' 감정이 무엇인지, 무엇이 아이에게 그런 감정을 갖게 했는지 물어보는 것이다. 세 번째 단계는 이해한 내용을 거울 효과처럼 반복해 보는 것이다.

경청에는 크게 두 가지 이점이 있다. 하나는 경청할 줄 아는 어른의 존재가 아이에게 큰 위안이 된다는 점이다. 아이들은 자신이 이해받고 존중받고 있다고 느끼며 생활 속에서 자신이 느끼는 감정이 정당하다는 것을 표현할 수 있게 된다. 다른 하나는 자녀는 부모가 보이는 모범을 통해 '아니오'라고 말하는 방법을 배우게 된다.

플림랭은 또 다른 부모의 사례를 언급한다. 자녀에게 "재미있어서 네가 파티에 더 오래 있고 싶어 하는 마음은 잘 알겠지만, 집에 들어오는 시간은 협상할 수 있는 게 아니야. 어떻게 정리하고 제시간에 돌아올 건지 말해 줄래?"라고 말하는 경우다. 자녀는 부모가 이렇게 말하는 것을 들었기 때문에 단호하지만 배려하는 언어를 배우고 자신이 필요한 바를 표현하는 동시에 한계를 설정하는 법을 배우게 될 것이다. 부모는 한계를 설정하고 그 한계 내에서 아이에게 결정할 수 있는 여지를 남겨줘야 한다. 이는 모방을 통한 학습이며 일종의 조용한 교육이다.

편향된 태도가 감정적인 아이를 만든다

딸이 통통하면 어머니는 이를 실패로 느끼고 자신이 무엇을 잘못한 것인지 고민하게 된다. 많은 여성이 딸에게 다이어트를 시키고 케이크와 과자를 금지하며 식사를 통제한다. 어린 시절에 경험한 이런 박탈감은 청소년기에 거식증 같은 심각한 결과를 초래할 수 있다. 어머니는 딸이 살찔까 봐 두려워하게 만들거나, 말라야 아름답다는 강박관념에 사로잡히게 해서는 안 된다(곧 사회가 그렇게 할 것이니까!). 딸은 어머니의 거울이 될 수 없고 어머니의 성공과 실패를 반영할 수도 어머니를 '고칠' 수도 없다.

반대로 부모가 긍정적인 시선을 가졌음에도 불구하고 아이가 '나는 너무 뚱뚱해', '내 가슴은 못생겼어'라며 자기를 깎아내릴 수 있다. 아이의 고통에 주의를 기울이고 아이의 말을 경청하며 감정적이지 않고 '이성적인' 설명을 찾아주는 것, 즉 중립적인 태도를 유지하는 것이 중요하다.

그렇게 하려면 첫째, 더 많은 정보를 수집하고 "넌 무엇 때문에 네가 뚱뚱하다고 생각해? 왜 그런 생각을 하게 됐는데?"라고 질문하라. 둘째, 토론하라. 아이에게 자기 감정을 잘 설명하도록 도와줌으로써 자기 감정을 지나치게 단순화하는 것을 피할 수 있게 해주는 것이다. 아이의 비판적인 의견을 듣는 것도 좋지만, 아이에게 자신의 어떤 점을 좋아하는지 물어봄으로써 균형을 맞추는 것을 주저하면 안 된다. 셋째, 우리의 몸으로 다양한 일을 할 수 있다는 사실을 강조하라. 넷째, 아이에게 예술적 감성이나 독창성, 친구를 사귀는 능력 등 외모 이외의 측면을 칭찬하는 것을 잊지 말라. 아이의 가치는 몸무게로 측정되는 것이 아니다.

8세 여자아이가 자기 몸무게가 평균보다 높고, 뚱뚱하다고 불평한다면 이렇게 설명해 보자. "넌 뚱뚱하지 않아. 아직 키가 다 자라지 않았기 때문에 키가 크려고 몸에 저장하고 있는 거고, 그건 자연스러운 거야. 넌 지금 이대로도 예뻐." 아이가 케이크와 탄산음료에 빠지지 않도록 하되, 만약 먹는다고 해도 그것에 '초점'을 맞추지 말고 문제 삼지도 말고, 일정한 거리와 유머 감각을 유지하자.

부모의 언어와 철학이 아이의 자신감을 키운다

플림랭은 "아이들은 모방을 통해 학습한다"고 확신하면서 부모의 역할이 얼마나 중요한지 설명한다.

부모가 자신감이 있으면 아이들도 자신감을 가질 수 있게 돕습니다. 아이들은 부모가 춤을 추거나 새로운 일에 착수하는 등의 모습을 통해 자신감을 드러내는 모습을 보고 싶어 합니다. 예를 들어 부모 중 한 명이 전화 통화를 하며 당당히 말하는 것을 들으면 자녀는 비슷한 상황에 처했을 때 부모의 모습을 떠올리며 따라 할 수 있습니다. 부모는 롤모델이 될 수도 있지만 나쁜 예가 될 수도 있습니다. 부모가 자신감을 가질수록 자녀에게 더 많은 자신감을 줄 수 있습니다.

자신을 돌보는 것은 이기적인 행동이 아닙니다. 자신이 가진 장점을 키우는 것은, 성공을 위해 필요한 모든 것이 우리 안에 갖춰져 있다고 믿는 것이기 때문에 '소통하는 그릇의 원리(서로 연결되어 영향을 주고받는 관계를 설명하는 개념으로, 연결된 하나의 그릇에 물을 부으면 다른 그릇에도 물이 이동하는 현상을 말한다-옮긴이)'에 따라 아이들에게 긍정적인 영향을 미칩니다. 우리는 더 나아지기 위해 자신을 돌볼 권리가 있고 실패할 권리가 있으며 실패는 배움의 기회일 뿐입니다.

● 진정성 있는 격려의 말

플림랭은 아이들에게 하는 격려가 얼마나 큰 자신감을 가지게 하는 도구인지 설명한다.

격려란 부모의 말을 통해 자녀가 자신감을 가지게 되는 훌륭한 도구입니다. 아이는 자신의 가치를 의심하지 않고 자기 장점이나 특정 영역에서의 한계를 인식할 거예요. 자신을 소중히 여기는 아이는 자신이 무조건적으로 사랑받고 있다는 것을 알고 있습니다. 어떤 상황에서도 자신이 적합한 능력을 갖추고 있다고 느끼며 부모가 훌륭한 학습 기회로 새로운 것을 제시해도 두려워하지 않고 시도할 거고요. 저는 '힘을 실어주는' 발언을 하라고 조언을 드려요. 힘을 실어주는 말은 아이들에게 '할 수 있다'고 느끼게 하고 자신감을 키워주며 자신이 강하다는 확신을 갖도록 도와줍니다. 메시지가 희석되지 않도록 하려면 메시지는 간결하면서도 구체적이고 관대해야 합니다. 즉, 진정성이 있어야 합니다. '네가 할 수 있다는 걸 알아. 어떻게 할 수 있는지 보여줘. 앉아서 해결책을 같이 생각해 볼까? 너도 분명히 좋은 아이디어가 있을 것 같은데' 하는 식이에요. 반대로 무력감을 주는 발언은 '어쩜 그렇게 매일 똑같니! 도대체 머리가 얼마나 나쁘길래 이걸 못해?'라든지 '네 행동을 더는 못 참겠다! 넌 외출 금지야!'와 같은 말입니다.

또한 자녀가 긍정적인 자아상을 형성할 수 있도록 끊임없이 격려해 주어야 합니다. 자녀가 자신감을 가질 수 있도록 부모가 자녀를 신뢰한다는 사실을 지속적으로 알려주세요. 자녀를 격려한다는 것은 자녀를 있는 그대로 인정하고 사랑하며 자녀가 무엇을 할 수 있는지 알고 있다는 것을 보여주는 것입니다. '대단한데, 혼자서 나무에 올라갔구나!'처럼요. 그리고 자녀의 성장에 주목하세요. '정확하게 노래를 부를 수 있게 됐구나!'처럼요. 아니면 자녀의 장점을 알려주며 '넌 정말 친구를 사귀는 데 재능이 있구나!'라고 말하세요. 하지만 사탕발림과 격려를 구분하는 것이 중요합니다. 격려란 과정 중에 하는 것으로 먼 길을 왔더라도 누구나 받을 자격이 있지만, 사탕발림은 결승선에서 하는 것입니다.

사탕발림은 행동을 기반으로 하며 결과에 초점을 맞춥니다. 따라서 아이가 사탕발림 같은 소리를 듣게 되면 자신이 '행동'해야만 '유능하다'는 결론을 내릴 수 있습니다. 이런 표현은 평가를 부각하기 때문에 아이는 다른 사람의 의견이 중요하다고 느낄 수 있습니다. 사탕발림은 인정받으려면 다른 사람을 기쁘게 하라고 가르칩니다. 이것 자체에는 큰 문제가 없지만, 다른 사람을 기쁘게 해야만 가치 있는 존재가 될 수 있다는 믿음을 갖게 된다면 문제입니다.

격려란 사람에 대한 것입니다. 격려란 자녀가 무언가를 성취했을 때만 주는 것이 아니라 그 과정에서 주는 일종의 선물입니다. 결과에 상관없이 자녀의 행동 방식과 개인적인 자질에 초점을 맞추는 것입니다. 이렇게 하면 아이는 결과에 상관없이 무조건 사랑받고 있다고 느끼고 다른 사람의 평가에 얽매이지 않게 됩니다. '선생님의 도움을 받기는 했어도 네가 스스로 열심히 노력해서 발전한 것 같아. 스스로 자랑스러워해도 돼!'라고 말하는 거죠.

● 떠나보낼 준비

신뢰는 또한 때가 되면 놓아주고 끈을 끊는 것을 의미하는데, 일부 부모는 자신만의 내적인 이유나 논리를 충족시키기 위해 그렇게 하지 않는다. 아들이든 딸이든 자녀를 전적으로 신뢰한다는 것은 빈말이 아니라 실제로 중요한 일이다. 물론 딸들은 여러 세대에 걸쳐 진부한 표현을 통해 먼 길을 걸어왔기 때문에 주저하지 말고 두 배로 신뢰를 주어도 좋다. 이에 대해 플럼랭은 이렇게 설명한다.

> 우리는 아이를 키우는 것이 아니라 미래의 성인을 키우고 있다는 사실을 인식하고, 성별에 상관없이 공정하고 공평하며 존중하는 메시지를 전달해야 합니다.
> 아이들이 둥지를 벗어나 날아오를 날이 머지않았습니다. 그때가 오면 아이들이 어떤 재능과 능력을 가지고 떠나길 바라

나요? 아이들이 무엇을 기억하길 바라나요? 깔끔한 침실이나 따뜻한 집안 분위기? 지나치게 권위적이거나 관대한 부모님, 아니면 격려하고 존중하며 경청하는 부모님? 우리는 훌륭한 경력을 쌓고 돈을 많이 번 여성이 너무 일찍 세상을 떠났다는 내용의 추도사를 들어본 적이 없습니다. 결국 남는 것은 주변 사람들에게 끼친 영향력과 고인이 전파했던 삶의 기쁨, 열정, 삶에 대한 신뢰입니다. 아이들의 자신감을 키워주는 것은 전반적인 태도이자 철학입니다. 자신감이란 인생을 살아갈 때 나를 증명하는 여권과도 같습니다.

10
있는 그대로 다시 살아가는 법

> 오직 자신에게만 의존하세요.
> 이제 자유입니다.
> 나 자신 외에 누구도 나를 도울 의무가 없습니다.
> **-토니 모리슨**

롤모델은 어디에나 존재한다

이 책의 결론에서는 의심이나 실패를 두려워하지 않는 여성들에 대해 이야기하기로 결정했다. 그들은 자신과 자기 일, 삶에 대해 긍정적으로 생각한다. 그들의 자발성은 놀라울 정도다. 우리는 여러 장소에서 그들을 만났다. 그들은 체육관 탈의실에서도 거만한 태도를 취하지 않고 편안해 보였고, 업무 회의에서 주저하지 않고 말을 이어나갔으며, 저녁 식사 자리에서도 당당하게 자기 입장을 옹호했다. 그들은 자기 자신을 있는 그대로 드러냈고 그 편안함을 통해 영감을 주었다. 성별에 대한 재평가가 한창인 세상에서 그들은 다른 여성들을 위해 길을 열고 있었다.

그들도 내부 갈등을 해결하기 위해, 자기의 잠재력을 발휘하지 못하도록 가로막는 제한적인 신념을 해결하기 위해 노력했을까? 물론이다. 그들은 어느 시점이 되자 그 제한적 신념이 제공하는 거짓된 안락함에 사로잡히지 않겠다며 용기를 냈다. 그리고 새로운 시각과 방법에 마음을 열고 다양한 계기를 경험했다. 토론을 통해 깨달음을 얻고 상황을 명확하게 보게 되거나 책을 읽거나 충격을 받거나 위기를 겪는 등 어떤 식으로든 복잡성과 모순을 극복하고 새로운 길, 자신이 가고자 하는 길을 찾아 나섰다.

● 패러다임의 변화

그들은 크게 두 가지 유형으로 나뉜다. 첫 번째 유형은 자신을 받아들이고 자기 확신이 큰 타고난 자신감의 소유자다. 자신을 잘 이해하고 있고 자기의 취약한 점을 받아들이며 실수로부터 배우는 유형이다. 자신의 불완전함을 의식의 가장 깊은 곳에 억압하고 숨기기보다는 기뻐한다. 이 유형은 자신을 거의 있는 그대로 사랑한다. 자기에게 맞는 길을 찾았고 죄책감을 느끼지 않는다. 친절함과 호기심을 가지고 있고 이것은 타인과 세상에 대해 열린 마음을 가질 수 있는 정서적, 관계적 유연성을 가지고 있음을 보여준다. 거절할 줄 알고 한계를 설정할 줄 알며 과감하게 자기 내면을 들여다볼 수 있는 능력이 있다는 것이 이들의 강점이다. 자기 자신에 대해 상대적으로 평온함을 느끼고 살고 있으며, 변화로 인해 불균형이 발생해도 적응한다.

두 번째는 강인한 유형으로 타고난 자신감의 극단적 버전이라고 할 수 있다. 강하고 콤플렉스가 없으며 남의 기분을 상하게 할지도 모른다는 걱정을 하지 않고 자신의 성취를 과시하는 것을 두려워하지 않는다. 자기만의 방식으로 기분 나쁘지 않은 태도를 보인다. 무조건 남을 기쁘게 하려 하지 않고 약간의 대담함으로 자신의 독특함을 표현하며 거부할 수 없는 매력을 발산한다. 자발적이고 다른 이에게 영감을 주는 모습은 전염성이 강해 좋아하지 않을 수 없는 유형이다. 타격을 받아도 재생의 원천으로 삼고 자기 욕망과 계획을 주장하는 데 필요한 에너지로 사용한다. 말하는 데 망설임이 없고 편견을 극복하고 자신을 가로막는 장애물을 이겨내면서 앞으로 나아간다. 자기 자신에 대한 만족감도 높다. 자기 목소리를 내는 데 주저하지 않으며 사람들에게 충격을 주는 것도 마다하지 않는다. '나는 나 자신이며 그 점에 대해 사과할 필요가 없다'는 것이 이들의 좌우명이다.

이 책 전반에 걸쳐 계속 살펴본 바와 같이 가면 증후군과 자신이 완벽하지 못하다는 것에 대한 불안감은 해결할 수 없는 문제가 아니다. 우리에게 어떤 결점과 두려움이 있는지 파악했다면 이미 해결을 위해 첫걸음을 내디딘 셈이다.

아직 갈 길은 멀지만 그래도 새로운 패러다임이 만들어지고 있고, 우리는 수많은 멋진 여성들을 만나고 있다. 그리고 사실 그들은 언제나 있어 왔다.

감옥은 종종 보호라는 가면을 쓴다

파니 그랑지에는 매우 다양한 경력을 쌓았다. 사업가로 패션 브랜드를 만들었고 비즈니스 컨설팅을 하고 '영웅 아바타Avatar héroïque'(청소년들의 자신감을 키우기 위한 워크숍-옮긴이)라는 방식을 만들어냈으며 시인(라 샤그라스la Chagrâce라는 예명을 쓰고 있음)으로도 활동한다.

● 체념하지 않는 사람

그랑지에는 자신을 사랑과 행동을 중시하는 '성급한 낙천주의자'라고 설명한다. "저는 행동하고 잠재력을 발휘해야 한다는 강박관념이 있습니다. 제게 자신감의 문제는 아주 중요해요. 저는 억제받는 것을 싫어하고 이를 극복하기 위해 많은 노력을 기울입니다. 새로운 프로젝트가 생기면 몰래 조용히 진행하는 대신 전화를 걸어 친구들을 저녁 파티에 초대해서 '이게 내 새 프로젝트야!'라고 크게 발표합니다." 그녀는 포기하고 싶은 충동을 누르고 큰 소리로 분명하게 말한다.

"아주 어렸을 때 열정과 자신을 표현하고 싶은 열망으로 가득 차서 비즈니스 세계에 뛰어들었습니다. 그리고 위계적이고 남성 중심적인 구조에, 모든 이들을 위해 단 한 명의 상사가 결정을 내리는 조직에 속해 있었어요. 젊음을 짓밟는 게 일상적인 곳이었죠. 하지만 제 안에는 투사 기질이 있어요. 저녁이 되면 낙담하기도 했지만 다음 날 아침이면 암사자처럼 기운을 내서 다시 전장에 뛰어들 준비를 했던 기억이 납니다. 어쩌면 그때 저는 저와 우리를 무너뜨리려는 사람들과 매일 마주하는 것이 제 삶이 될 거라는 사실을 깨달았는지 몰라요. 힘들고 때때로 사람들이 저를 이용하려고 부추길 거라는 사실을 깨달았고, 그 점을 힘으로 바꿔야 한다는 사실도 깨달았어요.

제가 생각하기에 자신감이 부족하고 불안할 때 겪을 수 있는 부정적인 상황이란 체념하고 스스로 굴복하고 위축되고 작은 상자 안에 갇혀 자신이 아주 작은 존재라고 받아들이는 것입니다. 저도 이런 패턴을 자주 반복했어요. 작은 상자에 갇혀 있다가 그 상자가 제게는 너무 작다는 것을 깨닫고는 그 상자에서 빠져나가길 반복했죠. 문제를 피할 줄 모르고 정면으로 맞서는 게 제가 가진 투사의 모습이지만 저는 평화와 조화, 경쾌함, 아름다움, 단순함을 추구하기 때문에 피할 수 있다면 이런 싸움은 피하고 싶어요.

저는 누군가가 저의 한계를 규정하는 것을 받아들일 수 없습니다. 인생에서 수없이 한계에 부딪혔고 그 한계에 머무르고 싶었던 적도 많았어요. 거기서는 안락하니까요. 누군가에게 해줄 수 있는 가장 나쁜 일은 그 사람에게 너무 많은 안락함과 보호를 제공하는 것입니다. 제게 자신감이란 위험을 감수하고 과감히 도전하고 안전지대를 벗어날 수 있는 능력이 있다는 의미이고, 그러기 위해서는 어느 정도의 두려움에 직면해야 합니다. 너무 오랫동안 편안함과 보호에 익숙해지면 위험합니다. 실제로 아무도 진정으로 보호받지 못하니까요. 보호받기보다는 자기 잠재력을 발휘하고 영감을 받고 제약에서 벗어나 자유롭게 자신을 드러내는 것이 필요합니다. 보호는 감옥이 될 수 있습니다. 자신감은 위험을 감수하고 자신이 아는 것보다 더 멀리 나아가는 것을 의미합니다. 그렇지 않으면 어떻게 자신감을 경험할 수 있겠어요?

실패는 정상적이고 상대적이며 일시적입니다. 하지만 실패의 감정은 극복해야 합니다. 그러기 위해서는 인생에서 경험을 통해 천천히 자신감을 쌓아나가야 합니다. 저는 나 자신을 알아가고 부정적인 감정이 찾아오는 순간을 파악하는 것이 매우 중요하다는 걸 알게 되었습니다. 실패감이나 시들어가는 느낌, 좌절감, 정체성 위축, 내 자리가 아닌 것 같은 느낌 등의 그런 부정적인 감정들이요. 저는 또 제 강점과 가치를 알아가고 이 세상에서 제 사명이 무엇인지 알기 위해 노력했어요. 타고난 강점과 가치를 명확하게 이해하고 그것을 기반으로 제 가능성이 어디까지인지 그 범위를 탐색하고 결정합니다. 누구에게는 정의와 진실, 자유 등이 중요할 수 있습니다. 심리 치료가 아닌 개인적인 작업과 성찰을 통해 스스로에게 많은 질문을 던졌습니다. 이제 제 강점을 명확하게 파악하고 제 인생의 방향을 알았어요. 아름다움을 창조하는 것, 그것이 제가 유용하다고 느끼는 분야이고 적어도 현재로서는 제가 탐구하는 분야입니다. 제 강점과 약점을 발판 삼아 나 자신을 뛰어넘어 자신감을 가질 수 있습니다.

십 대 때 저는 무리에서 우두머리였고 타고난 리더였어요. 그런데 중학교 4학년이 되자 모든 것이 바뀌었어요. 술과 마약 때문이었죠. 갑자기 담배를 피우거나 술을 마시거나 마약을 하는 사람들이 쿨한 사람인 것처럼 변해 있었어요. 저는 기꺼이 촌스러운 사람이 되었습니다. 그래서 다른 사람들과 어울리지 못했고 자신감도 없었어요. 막다른 골목에 서 있었죠."

● 업그레이드 버전의 자아 만들기

"그러던 어느 날, 다른 아이들과 함께 있는데 '나중에 무슨 일을 하고 싶니?'라는 질문에 대답해야 하는 상황이 생겼어요. 저는 '재니스 조플린이 될 거예요'라고 다소 엉뚱한 대답을 했어요. 당시 재니스 조플린은 유행에 뒤떨어진 가수였지만, 제게는 쿨함의 아이콘이었거든요. 재니스 조플린은 진정 자기가 원하는 대로 살고 마약을 포함해서 모든 측면을 자유롭게 받아들였어요. 그 순간부터 저는 제가 술을 마시지 않는다는 사실을 정당화할 필요성을 전혀 느끼지 못했어요. 저는 재니스 조플린의 강인함과 영향력을 받아들였어요. 그녀는 제 첫 번째 아바타가 됐습니다.

아바타는 '나는 나의 또 다른 자아를 만든다'라고 스스로에게 말하는 것입니다. 아바타는 내 강점과 가치관, 지구에서의 사명을 상징적으로 표현하는 것이고, 나의 결점과 과거, 가족 및 친구와의 관계, 공포증 등으로부터 완전히 자유로운 존재입니다. 한마디로 결점 없이 장점만 집약된 존재인 거죠. 힘들고 지칠 때면 저는 제 아바타에 기대곤 합니다. 아바타는 제 뇌가 정보를 훨씬 더 빨리 처리할 수 있게 해주는 지름길입니다. 상황을 분석할 필요 없이 문제를 해결하라고 지시만 하면 되니까요. 사실 아바타는 거짓된 내가 아니라 가장 나은 버전의 나입니다. 저는 이것을 '추진점'

이라고 부릅니다. 행동하기 위해 내 안의 약간 단단한 곳에 기대는 순간인 거죠. 이것이 나 자신을 올바른 방향으로 밀어붙일 수 있게 해줍니다.

저는 이제 여성에게서 롤모델을 찾습니다. 오랫동안 남성들에게서 롤모델을 찾았어요. 저항문학에 관한 논문을 썼는데 논문에서는 남성 이야기만 했어요. 제 책장에는 남성 작가들 책만 가득했어요. 그 사실을 깨닫고는 여성 작가들의 문학을 찾아보기 시작했어요.

제 주변엔 여성들이 아주 많아요. 저는 서로 모르는 여성들을 모아 여성 만찬을 주최하는 것을 좋아하고, 거기에서 자부심을 느껴요. 제 친구들은 모두 서로 알고 있고 애정을 가지고 서로를 보살피며 함께 자신감을 키우죠. 이런 저녁 식사 자리를 통해 우리는 유대감을 쌓고 자신감을 얻고 서로를 만나고 싶어 하고 변화를 추구하고 지평을 넓히려는 열망을 키우며 서로에게서 영감을 받습니다. 중요한 것은 감정입니다. 저는 감동과 충격을 받을 때 생각이나 관점이 변화합니다.

사람들은 종종 이렇게 말합니다. '넌 너무 자신감이 넘치니까 모든 것이 간단하겠지!' 그렇지 않아요! 자신감은 그것과는 아무 상관이 없어요. 제게 자신감은 자기만의 안전지대와 보호막, 거품에서 벗어날 때 경험하는 것입니다."

● **자신감을 드러낸다는 것**

　자신감을 드러내는 것은 여성에게 여전히 양날의 검으로 작용한다. 성공할 기회를 얻으려면 자신감을 드러내는 것이 필수지만 그렇다고 너무 크게 과시하면 불이익을 받을 수 있다.

　약간의 공감과 감수성을 겸비하지 않은 자신감은 다시 한번 제지당하고 평가당할 위험이 있으며, 이는 직업적 열정에 해가 될 수 있다. 따라서 여성이 맹목적으로 자신감을 드러내는 것은 사람들의 호감을 얻을 수 있는 최선의 방법이 아니며, 최악의 경우에는 영화 〈악마는 프라다를 입는다〉에서 메릴 스트립이 연기한 캐릭터처럼 무정한 이기주의자라는 과장된 이미지로 비칠 수 있다.

변화는 일어나고 있다

　그럼에도 자신감을 얻고 싶은가? 프랑스어로 자신감을 뜻하는 'la confiance en soi'는 여성형 단수 명사이지만 자신감이라는 감정은 남성적인 특성이 있는 경우가 많다. 여성에게 자신감을 주는 것은 여성만의 문제가 아니기 때문에 자신감을 여성과 공유할 수 있도록 생각하고 행동하는 남성들을 만나보았다.

● 과감하고 정당한 요구

주요 호텔 그룹의 유럽, 중동, 아프리카 지역 고객 충성도 담당 부사장인 장 프랑수아 기요Jean-François Guillaud는 헌신적인 멘토다.

"제 페미니즘은 페미니스트 성향이 강한 두 여자 조카와 함께 천천히 성숙해 왔습니다. 조카들이 제 차크라(에너지의 흐름―옮긴이)를 열어준 셈이죠. 특히 남자아이와 여자아이를 특정 역할에 한정하는 고정관념과 관련해서요. 그리고 직장 생활을 하면서 남성으로만 구성된 팀, 여성으로만 구성된 팀, 남녀 혼합팀을 경험해 봤는데 남녀 혼합팀이 가장 효과적이었습니다. 여성으로만 구성된 팀과 일하면서 일부 여성들이 자신감이 부족하다는 사실을 직접 경험했습니다. 당시 저는 모바일 결제 업체에서 일하고 있었는데, 제가 입사하기 두 달 전에 북유럽 총괄로 승진한 영업 관리자가 있었어요. 그녀는 뛰어난 통찰력을 가지고 있었고 똑똑했고 관리자로서 모든 것을 잘 알고 있었습니다.

어느 날 저는 그녀가 영업 담당자일 때의 급여와 영업 책임자일 때의 급여가 단 1퍼센트도 인상되지 않은 것을 발견하고 제 파일에 오류가 있다고 생각해서 그녀에게 물어보았습니다. 그녀는 그게 정상이라고 답했습니다. 그녀는 이미 승진으로 특혜를 받았으며 스스로 증명해야 한다는 다른 사람들의 말을 의심 없이 받아들인 상태였습니다. 저는 남자라면 아무리 적은 금액이라도 급여 인상 없이는 승진을 받아들이지 않았을 거라고 말했습니다. 우리는 비록 크진 않더라도 마땅하고 정당한 급여 인상을 요구하고 받아냄으로써 이를 바로잡았습니다.

사실 여학생들은 학업에 매우 뛰어납니다. 학창 시절에는 성과를 내면 보상을 받죠. 하지만 비즈니스 세계는 그런 방식이 더 이상 통하지 않습니다. 많은 여성이 보상을 받기 위해 묵묵히 기다린다는 것을 알게 되었습니다. 남성 직원 중에는 평균적인 성과를 내면서도 늘 연봉 인상을 요구하는 사람도 있습니다. 반면에 제가 데리고 있던 여성 직원 중에는 아주 유능하고 놀라운 성과를 내면서도 아무것도 요구하지 않고 기다리기만 하는 사람도 있었습니다. 저는 여성 직원들에게 어느 순간에는 무언가를 요구해야 한다고 설명했습니다. 요구하지 않으면 '저 여자들은 이대로도 행복하겠지', '남편이 돈을 잘 벌 거야' 같이 성별과 관련된 고정관념에 빠지기 쉽기 때문입니다. 저는 오늘날 여성들을 코칭하면서 과감해지라고 말합니다. 침묵하는 여성들은 부당함을 느끼고 인정받지 못하며 고통받기 때문입니다. 기대하는 바를 말로 표현해야 합니다. 과감하게 요구하세요."

● **목소리를 낸다는 것**

우리는 CAC40(파리증권거래소에 상장된 40개 기업-옮긴이)에 속한 대기업 대표, 루이Louis도 만났다.

"동등한 경험을 했을 때 여성은 남성과 비교해 자신에게 주어진 직책에 스스로 적합하다고 덜 느끼는 것 같습니다. 임금 문제의 평등성을 말하는 게 아닙니다. 임금 차이는 이런 정당성 부족의 결과일 뿐입니다. 라가르드가 유럽중앙은행 총재에 임명된 후 언론 논평을 보세요. 그녀가 전임자보다 정당성이 떨어지지 않음에도 불구하고 그 직책을 맡을 수 있을지 그녀의 역량에 의문을 제기하는 사람들이 많았어요.

제가 경험한 또 다른 사실은 여성들이 동등한 책임을 지는 직책을 맡았을 때 남성들보다 실수를 덜 허용하는 경향이 있다는 점입니다. 여성들은 실수를 허용하지 않기 때문에 위험을 덜 감수합니다. 하지만 위험을 감수하고 책임을 지고 실패할 수 있는 권리를 갖는 것은 기업에 있어서 매우 중요합니다.

최근 회사에서 여성들이 스스로 목소리를 내기 위해 조직적으로 움직였는데 정말 흥미로웠습니다. 그들은 그룹 내에서 그 주제에 대해 토론하고 함께 작업하고 남녀가 혼합

된 그룹에서 발언권을 어떻게 나눌지 고민하고 회사 전체에 규칙을 제안했습니다. 매우 잘 진행되었고 사람들은 서로 존중하는 모습을 보여줬어요. 여성들은 스스로 노력해 발언권을 얻고 동등한 기회를 얻어냈습니다. 그리고 그 방식은 보복적이지 않았고 공익을 위해 이루어졌고요. 소규모 조직이나 스타트업의 세계에서는 이런 변화가 더 자발적으로 일어나고 있습니다."

대담함, 진정성, 자유

2019년 11월 10일, 힐러리 로댐 클린턴Hillary Rodham Clinton과 그녀의 딸 첼시 클린턴Hillary Rodham Clinton이 런던을 방문해 사우스뱅크 센터에서 그들의 책 《배짱 좋은 여성들》을 소개했다. "과거로 돌아갈 수 있다면 어린 시절 자신에게 뭐라고 말하겠습니까?"라는 질문에 힐러리 클린턴은 이렇게 대답했다.

"열한 살이든 열다섯 살이든 계속 배우고 가능한 한 많이 도전하라고 말하고 싶어요. 선택 앞에서 두려워하지 말라고요. 제 어머니는 대학에 가본 적도 없고 대학에 대해 아무것도 몰랐어요. 저 역시 그랬죠. 집에서 가까운 곳을 가야 하나 고민하다가 두려움을 무릅쓰고 결국 멀리 떠났어요. 두려움을 극복하기 위해서는 끊임없이 자신을 격려해야 합니다. 불안과 두려움은 누구에게나 삶의 일부입니다. 인스타그램 속 타인의 삶은 만들어진 것입니다. 인생은 그렇지 않아요. 타인이 나와 내 삶을 어떻게 보든 흔들리지 않는 것이 도전입니다. 주어진 삶으로 무엇을 할 것인지 진지하게 생각해 보세요. 이게 바로 열한 살이나 열다섯 살의 나 자신에게 해주고 싶은 말입니다. 완벽주의와 스스로 만든 이상적 이미지 탓에 길을 잃는 일이 너무나도 흔하니까요. 뒤돌아 보면 그것은 진짜 삶이 아닙니다. 자신의 삶을 사세요. 최대한 대담하게 살아가세요."

KI신서 13540

완벽주의자의
조용한 우울

스스로 만든 비현실적 목표 앞에서 날마다 무너지는 당신에게

1판 1쇄 인쇄 2025년 4월 30일
1판 1쇄 발행 2025년 5월 14일

지은이 엘리자베트 카도슈, 안 드 몽타를로
옮긴이 이연주
펴낸이 김영곤
펴낸곳 (주)북이십일 21세기북스

인문기획팀 팀장 양으녕 **책임편집** 이정미 **마케팅** 김주현
디자인 room501
출판마케팅팀 남정한 나은경 한경화 권채영
영업팀 한충희 장철용 강경남 김도연
제작팀 이영민 권경민

출판등록 2000년 5월 6일 제406-2003-061호
주소 (10881) 경기도 파주시 회동길 201 (문발동)
대표전화 031-955-2100 **팩스** 031-955-2151 **이메일** book21@book21.co.kr

(주)북이십일 경계를 허무는 콘텐츠 리더

21세기북스 채널에서 도서 정보와 다양한 영상자료, 이벤트를 만나세요!
페이스북 facebook.com/jiinpill21   포스트 post.naver.com/21c_editors
인스타그램 instagram.com/jiinpill21   홈페이지 www.book21.com
유튜브 youtube.com/book21pub

당신의 일상을 빛내줄 탐나는 탐구 생활 〈탐탐〉
21세기북스 채널에서 취미생활자들을 위한 유익한 정보를 만나보세요!

ISBN 979-11-7357-250-0   03180

- 책값은 뒤표지에 있습니다.
- 이 책 내용의 일부 또는 전부를 재사용하려면 반드시 (주)북이십일의 동의를 얻어야 합니다.
- 잘못 만들어진 책은 구입하신 서점에서 교환해드립니다.

함께 읽으면 좋은 21세기북스 책

임포스터 심리학
자신을 과소평가하는 사람들을 위한 자신감 회복 훈련

질 스토다드 지음 | 이은경 옮김

쓸데없는 걱정은 줄이고 불안을 동력 삼아 성장하는 법!

◆ 일 잘한다는 말을 듣는데도 늘 불안하다면?

20년간 가면 증후군을 겪은 심리학자인 저자가 수많은 임포스터를 상담한 경력과 자기 경험을 바탕으로 가면 증후군을 대하는 독특한 접근법을 제안한다. 부정적 감정에 쉽게 휘둘리는 사람이라면 누구나 큰 도움이 될 것이다.

가면을 벗어던질 용기
진짜 내 모습을 들킬까 봐 불안한 임포스터를 위한 심리학

오다카 지에 지음 | 정미애 옮김

근거 없는 자책은 멈추고 자존감을 회복할 시간

◆ 자기 자신을 연기하며 사는 사람들을 위한 필독서

NHK, 아사히TV 등 TV 프로그램에 심리학 고문으로 고정 출연하며 17년간 임포스터 증후군을 상담해온 일본 공인 심리사의 실전 심리학. '메타인지', '리프레이밍' 등 다양한 심리학적 기법으로 객관적으로 내 마음을 바라보는 방법을 제안한다.

함께 읽으면 좋은 21세기북스 책

나는 왜 꾸물거릴까
미루는 습관을 타파하는
성향별 맞춤 심리학

이동귀 외 4인 지음

미루고 미루다 오늘도 벼락치기 하는 사람을 위한 시작의 기술

◆ 일을 미루는 것은 감정 조절의 문제다!

20년간 상담 심리를 연구해온 이동귀 교수와 '연세대학교 상담심리연구실' 연구팀이 해외 최신 연구 결과 및 100개가 넘는 참고 문헌을 바탕으로, 꾸물거리는 사람들의 5가지 성향을 밝혀냈다. 이제 나의 어떤 성향이 꾸물거림을 촉발하는지 파악하고 그에 맞는 해결책을 찾을 차례다.

임포스터
가면을 쓴 부모가
가면을 쓴 아이를 만든다

리사 손 지음

늘 불안한 완벽주의 부모들에게 알려주는 좋은 생각의 길

◆ 임포스터는 어린 시절부터 시작된다!

컬럼비아대학교 바너드칼리지 심리학 교수 리사 손이 완벽주의 부모들이 흔히 갖는 세 가지 생각의 오류를 극복하는 메타인지 사고법을 소개한다. 가면을 쓰게 만드는 대표적인 사고방식들, 그리고 부모들의 잘못된 자녀교육 방식을 어떻게 바꿔나갈 수 있는지, 흥미로운 심리 실험들과 함께 알려준다.